AF315065

L'ANTI-THERESE

OU

JULIETTE

PHILOSOPHE,

NOUVELLE MESSINE

VERITABLE

PAR

Mr. DE T***.

A LA HAYE,

Chez ETIENNE LOUIS SAUREL,

Libraire fur le Buitehof.

M. DCC. L.

EPITRE

UNE Laïs élevée fous le fameux portique d'Athenes à
pu te donner une idée fauffe du tî-
tre dont elle fe décore. L'obfceni-
té de fes Anecdotes excite plus
de mépris qu'elle ne peut emou-
voir de paffion, & fi la Philofophie dont elle pretend authorifer
fes défordres a pu te revolter lorfqu'elle indiquoit de pareils principes, je te fçai gré de poffeder au
fond de ton cœur l'antidote fur
du poifon que pouvoit y couler
le tableau d'une vie lafcive fous
le fpécieux prétexte de cette li-

 # 2   ber-

berté qui femble en permettre les
ecarts. L'Efprit jufte, l'Efprit vrai
eft donc ton partage; quel bonheur pour toi, quelle fatisfaction
pour ton ami ! Tu n'a pas du
prendre le change. L'on t'annonçoit que ta raifon maitreffe du
préjugé te prefcrivoit d'en fecoüer
le joug. La flateufe amorce de l'indépendance ne t'a point feduit,
& tu n'as pu croire que les excés
que l'on t'avoit peint duffent être
adoptés par l'homme le moins efclave des plus fimples règles. Ouï
fans doute, dut-t-il ne confulter que
celles que la Nature lui dicte, il
condamneroit bien-tot aux flam-
mes cette honteufe rapfodie dont le
fiftème le déshonore. Le choix des
expreffions, la legereté du ftile, la
vivacité des couleurs, la hardieffe
des

des portraits ne rend pas les fituations plus permifes. L'opinion à
droit en pareil cas fur l'efprit de
l'homme qui penfe, & l'homme
qui penfe eft le vrai Philofophe.
Le furplus eft une bravade qui ré-
pugne aux premières notions. Son-
ge Ami qu'en t'écrivant avec tant
de franchife ma plume n'a pas trem-
pé dans le fiel amèr de la Critique. Cet Efprit m'eft totalement
étranger. Il faut bien du talent
pour ofer être fi fcrupuleux fur celui des autres, je fuis trop foible
pour risquer une lutte. D'ailleurs
ce beau Vers d'un de nos moder-
nes m'eft trop prefent, la Critique
eft aifée, dit-il, mais l'art eft difficile.
Je le fens, & je ferois grace a l'effai
le plus médiocre, duffé-je y voir
une foule de deffauts pour la mé-

riter moi même. Mais entre nous deux, libres de penfer haut vis-à-vis l'un de l'autre, les réflexions que je te prefente font une fuite de la converfation que nous eumes enfemble il y a quelque tems. Il te fouvient que je te promis un contrafte des fentimens qui t'avoient rebuté. Le hazard m'en a fourni les moyens. Je fuis affez lié avec Madame de L. V. j'ai eû occafion d'y connoître une jeune perfonne a la quelle je n'ai pu refufer mon eftime. Le commerce journalier ayant établi la confiance, j'ai fçu une partie de fes Avantures. Elles m'ont affecté d'unfentiment que tu accorderas fans doute à l'Héroine de l'Hiftoire. Mes follicitations, & celles de mon Amie l'ont engagée à en écrire

te fouhaitter au-delà ? Puifque tous les Tréfors font au fond de ton cœur, une fanté conftante te fuffit pour en jouïr.

L'Auteur, qui connoit l'Heroine de cette Hiftoire, fe promet d'en donner la fuite au public, fi cette premiere Partie à le bonheur de mériter fon fuffrage.

L'ANTI-THERESE

OU

JULIETTE

PHILOSOPHE,

NOUVELLE MESSINE VERITABLE

PREMIERE PARTIE.

JE fuis fille du miſtère & de l'Amour. Quelque violence que cet aveu puiſſe me couter, j'ai crû le dévoir aux bontés qui vous intéreſſent en ma faveur, il feroit injuſte, Madame, de vous laiſſer ignorer plus long-tems ſur quel objet tombent vos ſoins généreux. Me ſçauriés vous mauvais gré de vous avoir caché, juſqu'ici un ſecret de cette eſpèce? Non

A 5

ſans

fans doutte. Vous penfés vous même trop délicatement pour ne pas juftifier mon filence. Le Ciel vous fit ma proteétrice, & le bon cœur prend mon parti contre l'amour propre piqué de fe trouver la duppe d'une fille fans nom & fans aveu. D'aignés vous rapeller que l'infortunée Julie, en vous taifant le néant de fon origine n'a jamais cru devoir vos graces qu'a la feule compaffion, qu'elle ne s'eft pas mafquée pour féduire vôtre cœur, & que le Speétacle dont vous avés été témoin vous à fuffifament attendri fur fon fort; que vous n'avés exigé de fa part aucun récit lorfque vôtre main bien faifante l'a fécourue, & qu'enfin fi vous l'euffiés voulu dès ce tems la fa réconnoiffance eut préfcrit a fa fincérité le même détail qu'elle ôfe vous préfenter aujourd'hui comme un homage de fes fentimens, & de fa confiance.

Je dois beaucoup a Madame de G. Vous aurés peine à le croire fi j'ajoûte qu'elle m'a donné le jour. Aux termes du préjugé celui qui luit pour moi eft obfcurci par la honte, & les ténébres de l'*Incognito*. Je devrois gémir d'etre née. J'ai pourtant le front de m'en applaudir, Seroit-ce une fuite de mes Erreurs. Ma

con-

conduite toûjours si opposée aux loix de l'opinion générale n'a t'elle pas assés revolté le Public. Hé voudrois-je le braver encore par ma façon de penser. Je l'entens déjà s'écrier sur la nature de ma justification. Eh Messieurs ne vous flattés pas tant, apprenés une fois qu'on peut penser bien sans penser comme vous. Je craindrois de me compromettre. Lisés moi sans dégoût, c'est tout ce que je demande. Peu m'importe que vous me jugies avec aigreur. L'Homme raisonnable est le seul dont je redoute la censure. Voyez si je dois vous craindre. Mais un instant encore vous series en droit de me blâmer. La digression vous fatigue, je la quite, & vous aussi, pour revenir au Chapitre des obligations que j'annonçois avoir a Madame de G.

La vie que je tiens d'elle n'est pas le principe de ma reconnoissance. De quel droit les Auteurs de nos jours pourroient ils en exiger sur cet objet? L'instant qui nous forma suspendit toutes les facultés de leur ame & de leur raison. Il est des délires de toute espèce, & j'ai jugé par l'expérience qu'ils n'avoient pas pensé alors à la suite incertaine de leur tendre yvresse. Une loi de mort ne fixoit-elle

pas

pas d'ailleurs a Madame de G., la néceſſité de ma naiſſance? La Volupté & le
déſir de vivre ſont donc nos vrais Parens.
La Theſe eſt ſingulière pour mon Sexe.
Tout raiſonnement de nôtre part a droit
de choquer. La Philoſophie ſemble déplacée dans la bouche d'une fille réflechiſ-
ſante mais on l'admet dans les Ecrits d'un
* Poëte dont le plus rare mérite eſt de
penſer hardiment. On applaudit au Syſtê-
me en faveur du ſtile. Telle eſt la différence, le Poëte hazarde, & je demon-
tre, ſuivons.

Madame de G. pouvoit avoir, lorſqu'elle devint ma Mère, vingt-huit a trente ans. Je ſçai mal peindre ; d'ailleurs on
voit tant de Portraits. Madame de G.
étoit faite pour plaire, c'eſt en dire aſſés,
je penſe, puiſque c'eſt réünir ſous un même point de vûe les beautés de l'ame, &
les graces de la Phiſionomie. Il paroitra
neuf que j'exige les perfections de l'un &
de l'autre, mais qu'on ſe ſouvienne que j'aime à penſer ſeule. Ma Mère joignoit aux
agrémens de plaire cette douce perſuaſion
de croire qu'elle y réüſiſſoit, & ſi c'eſt un
defaut d'aimer a ſe l'entendre dire, je con-
viendrai

* Voltaire dans ſa Phyſique.

viendrai qu'elle avoit cette foibleſſe. Re-
butée malgré toute ſa vertu du degoût
qu'inſpire un Epoux vieux, tiede & jaloux, elle s'amuſoit des propos flatteurs par
eſprit de dédomagement. Après tout pourquoi Mr. le Préſident de G. avoit-il le
double de ſon âge? Etoit-ce la faute de
ma Mère ſi les agaçeries de cent jeunes
Cavaliers aimables lui faiſoient encore
mieux ſentir cette diſproportion? Que n'é-
toient-ils faits pour occuper ſon cœur? Elle étoit née tendre, cela ſuppoſe la neceſſité d'une paſſion, la pente prochaine a
en former une. Il falloit un objet qui la
fixat. Ma Mère avoit du goût & l'on pre-
voit que le Marquis d'Artinville, pour y
avoir réüſſi, devoit au-moins valoir en
homme ce que ma Mère étoit en femme. Son nom l'avoit fait à vingt-deux ans
Colonel d'un Regiment de Province,
Metz étoit ſa ſeconde Garniſon. Il pouvoit en avoir 24. lorſque les arrangemens
du Bureau y fixerent ſon ſéjour. Il y debuta avec tout le brillant étalage d'un
homme de naiſſance. En état de ſoûtenir
un train conſidérable, moins par air cependant que par bienſéance de rang,
il y figuroit du meilleur ton. Dans tous
les Païs du Monde il ſuffit, je crois, de

joüer

joüer l'opulence pour y trouver de l'agrément, chacun s'empreſſa de lui en procurer. Dans l'acceüil qu'on avoit accordé au clinquant, il gagna d'etre mieux connu. Doué de ces talens qui réüſiſſent dans la Societé, il chercha la bonne compagnie par goût, & il y fut goûté. Eſprit vif, & orné, converſation fine & légère, ſaillies aimables, caractère liant, l'air d'aiſance, en un mot toutes les jolies qualités du Militaire ſans en avoir les Ridicules. Il plaiſoit & n'étoit pas fat. Il y a bien de l'art à ne pas enterrer ſon merite ſans affecter de le faire valoir. Reçu dans tout ce qu'on appelle bonne maiſon, il ſçut dans peu la carte generale. L'idée d'une jeune perſonne aimable, deſtinée à paſſer ſes jours avec un Epoux qui pour toute reſſource couvroit d'un manteau d'Hermine ſes rhumatiſmes, & ſa goûte, le frapa. Il la plaignit, la pitié le rendit curieux, il vit Madame de G. Le portrait qu'on lui avoit fait de ſa figure lui ſembla moins bien que l'original, mais craignant de ſe tromper à une premiere viſite, il y retourna pour vérifier le paralelle. Cette ſeconde entrevuë ſervit à lui dévélopper mieux toutes les graces de Madame de G. & lui inſpira le deſir de pénêtrer ſon ca-

ractère,

ractère. Il trouvoit déja du plaifir à penfer qu’elle eut auffi les perfections de
l’ame. Il lui intéreffoit de ne s’y pas méprendre. Il falloit une Etude, il s’y prêta. Dès lors cour affidue, petits foins,
empreffemens vifs, propos flatteurs, tout
ce qui qui peut conduire à démêler une
jolie femme fut employé. J’ai dit que ma
Mère, dont la vertu n’avoit rien de rude
n’étoit point ennemie des attentions, ni
des Eloges. Sans ambitionner de triomphe éclatant, elle eut été flattée de faire
des Efclaves. Telles femmes veulent plaire fouvent moins par vanité que par paffion, qui toujours cependant ont plus de
vanité que de fentimens. Ce n’étoit pas
là Madame de G. Bien éloignée d’être coquette, elle ignoroit les agaçeries que nôtre Sexe pratique fi familierement. Les
femmes les plus modeftes attendent fans
s’en apperçevoir, les plus vertueufes a-
boutiffent à ce point. Madame de G.
étoit fage, mais elle n’étoit pas prude. La
vraie pudeur. eft une vertu muette & tranquille. Je doute qu’une Vertu quereleufe
affurât mieux l’honneur des femmes que
celui des hommes. Il perçoit a travers
les façons & le maintien de Madame de
G. un certain air doux & languiffant. C’eft

pref-

prefque toujours l'étiquette fure des difpofitions & du fentiment. Le Marquis d'Artinville n'échappa pas auffi cette remarque. Il en conclut que Madame de G. devoit avoir naturellement le cœur tendre, qu'elle pouvoit-être fufceptible d'un attachement. Son cœur réduit a vivre fous les loix d'un himen mal afforti, l'auftère préjugé du devoir conjugal lui avoient jufque-là fait pratiquer une vertu feulement de principe. L'efpèce de pedant auquel elle fe trouvoit liée n'avoit, à le bien definir, rien qui put adoucir la neceffité d'un facrifice conftant. Il le jugeoit digne, au contraire, de mériter un Collegue qui, lui laiffant le titre férieux d'Epoux, fe chargeât de procurer les douceurs que ce nom femble promettre. C'étoit d'ailleurs dans l'idée du Marquis un efpèce de point d'honneur de travailler à la félicité d'une femme charmante, digne du fort le plus doux. Prendre ce foin étoit un projet noble, & s'il fe propofa de s'en charger ce ne fut d'abord que dans l'unique vue d'être le Héros d'une action genereufe, fans prévoir que dans peu fon cœur fe trouveroit du complot. Uniquement occupé de ce deffein, il rêvoit aux moyens de l'exécuter, lorfque Madame de G. lui
en

en fournit involontairement la plus heureufe occafion , un Galant homme Saifit
les plus petites bagatelles, tel eft le fort
de notre fexe, les moindres chofes donnent avantage contre nous eft-ce un mal?
après tout , fi les plus légeres avances
font un crime de notre part, quel affuje-
tiffement ; ne falloit-il pas une forte de
compenfation , & cette même deftinée
dont les conbinaifons nous paroiffent fi
juftes ne femblent elles pas avoir permis
que nos propos les plus indifferens pre-
tent aux hommes des armes contre la dure referve.　Il falloit aider notre foibleffe.　Quelle contrainte n'impofe pas la fa-
culté de former des vœux toûjours con-
dannée au filence, au bout du Conte par
quel preftige ferions nous dévouées a un
embarras ftupide, ou a une ferocité qui
refifte au commerce du monde poly, &
qui nous y rendroit incommodes.

Mr. Dartinville avoit arrangé fa femai-
ne fur un nombre de Vifites confacrées
a Madame de G. Cette efpece de regle
pefa bientôt a fon empreffement. Si ce
n'étoit encor celui de l'amour, n'étoit-ce
pas du moins une difpofition prochaine a
le reffentir ? Plus de beaux jours fans
avoir vu Madame de G. il en étoit là;

Le vieux Prefident n'en prenoit aucun ombrage. D'Artinville avoit trouvé le fecret de fe rendre néceffaire a l'époux même; il avoit aifément lu le Caractere du bon homme. Projet d'œconomie, arrangemens utiles pour l'avenir, récit d'affaires ou il avoit prononcé, differtation fur les femmes, inquiétudes fur leur conduite, Mifantropie coftique fur tout le genre humain; tels étoient, fous un ample volume de frifure auffi materiele que l'original, les parties effentieles qui meubloient la tête de l'époux à mortier. De tous ceux qui fe rencontroient chez lui, le Marquis feul avoit acquis fon eftime. Avare, defiant, jaloux, Chicanneur, Mifantrope, ridicule, d'Artinville avoit fçu jouer tous ces rôles, & ce caractere d'emprunt parfaittement afforti à celui du Préfident lui avoit merité fes bonnes graces. Il le croioit autant attentif que lui même a la conduite de Madame de G. c'étoit une forte *d'Argus* fubalterne fur lequel il fe repofoit. Cette confiance lui permettoit des affiduités, & c'étoit un grand point, il lui reftoit de rencontrer Madame de G. dans un de ces inftans de folitude qui devoient les mettre tous deux a l'aife; car je dois annonçer, comme ma

Me-

Mere me l'a dit depuis, que dès le premier inſtant elle avoit éprouvé un plaiſir ſecret en voyant le Marquis, & qu'une politeſſe plus aiſée & plus franche l'avoit toûjours diſtingué de la foule de ſes adorateurs. Il épioit ce moment ; ſon ſecret commençoit a lui peſer, il venoit chez elle réſolu de lui faire cette tendre confidence, le hazard le ſervit heureuſement, il trouva Madame de G. pour ainſi dire iſolée, reduite a un froid *mediateur* entre deux habits noirs, & une prude. Le Préſident formoit la galerie, & ſans doute le plus ennuyeux point de vue de ce triſte tableau. A l'arrivée du Marquis l'époux diſparut. Madame de G. avoit un témoin qui le tranquiliſoit, il leva le ſiége ; le Marquis prit ſa place, & l'on juge ſans peine que ce devoit être a côté de la maitreſſe du logis. Madame de G. jouoit heureuſement, & gagna beaucoup, le Marquis lui fit Compliment ſur la Juſtice de la fortune. Sa réponſe fut obligeante. Elle n'eut été telle, ſans doute, que pour un homme indifférent. Elle fut charmante, ſatisfaiſante, unique pour l'amoureux d'Artinville. C'eſt l'uſage ; ſoit préſomption ſoit deſir, tout flatte : Vous êtes bien fait pour porter bonheur,

lui

lui dit Madame de G. & je n'ai jamais ga-
gné avec tant de plaifir. Quelle expreffion! Vous en avés donc à penfer que je
forme des vœux pour vous, lui dit tout
bas le Marquis. Ah Madame! que je
fuis heureux moi même fi vous voyés
toutte leur vivacité! Vous feule pouviés
m'apprendre qu'en tout état on pouvoit
former des fouhaits. Mon plus ardent
fut de vous plaire, d'ofer vous dire que
je vous adore, & de vous voir l'entendre. Laiffés, Madame, continua-t-il
d'une voix à demi-éteinte pour empêcher
qu'on n'entendit une converfation que
toutte la préfence d'Efprit de Madame
de G. ne put interrompre, laiffés moi
faifir cet inftant que je payerois du facrifice de ma vie fi vôtre colere devoit punir ma temerité. Laiffés moi vous protefter de mon refpect & de mon amour.
Vous feriés vous méprife à mes regards?
Non fans doute. Le détail alloit fuivre;
mais la partie expira, & la fin du jeu
épargna à Madame de G. la fuitte d'un
propos qui l'avoit moins irritée qu'interdite. La converfation rédévint générale
jufqu'au moment ou la compagnie fe fepara, & elle dura peu. Le Marquis refta feul vis-à-vis de ma Mere qui cherchoit

fon

fon arrêt dans fes yeux. Le timide filence devint reciproque. Madame de G. le rompit la première : Que vous êtes fou, lui dit-elle, & que je fuis bonne ! Dites plûtôt, Madame ; interrompit vivement d'Artinville que je fuis le plus fincere & le plus amoureux de tous les hommes. Il le lui juroit à fes pieds avant qu'elle eut le tems de s'appercevoir de cette tentative. Un effort qu'elle fit pour le relever permit au Marquis de s'appuyer fur une de fes belles mains. Il la faifit avec tranfport. Dois-je vivre, ou mourir, lui dit-il en l'arrofant de fes larmes ?

Qu'un homme eft féduifant en cet état, fur tout un homme tel que j'ai peint d'Artinville ! Ma Mère étoit fage, mais elle étoit tendre, & généreufe. Que vous étes preffant lui dit elle en détournant fes beaux yeux ou fans doute il lifoit déja fa défaitte ! Ignorés vons qu'un vœu folemnel..... Un foupir coupa fa phrafe ; il vit fon Triomphe, qu'un amant à droit d'efpérer lorfque le préjugé feul lui préfente un obftacle a vaincre. Le cœur de Madame de G. que fes parens avoient immolé au Préfident, & qui l'intereffoit en faveur du Marquis reftoit en fufpens, & la feule éducation qui luttoit encore,

 mais

mais foiblement, ne put tenir plus longtems aux preſſantes follicitations & aux
remontrances du Marquis. Ah qu'un
amant eſt féduiſant, & qu'il y a des circonſtances ou il perſuade aiſement! Madame de G. ſe livra a cette douce pen-
ſée que l'amour avoit inſpiré av n: elle
a la tendre *Zaire.* Je le vois bien, dit-
elle au Marquis;

** Je le vois bien, les ſoins qu'on prend de notre Enfance*
Forment nos Sentimens, nos mœurs, nôtre Créance,
Le Preſtige en nos cœurs à droit de les tracer
Un Dieu ſeul a celui de les effacer.

Le Dieu d'Amour acheva cet ouvrage.
Il fit briller ſon flambeau, diſſipa tous
ſcrupules, & embraſa le cœur de Madame de G. quelle livra dés cet inſtant tout
entier au fortuné Marquis.

Le Préſident ne fut plus que le Mari
du Public. D'Artinville devint véritablement celui de Madame de G. elle
convint avec lui de toutte ſa tendreſſe.
Juſqu'alors elle avoit ignoré les gracieux
moyens d'en donner des preuves non ſuſ-
pectes. Elle lui dut ſes premières leçons.
Devenue moins timide par ſon aveu il

ofa

** Mr. de Voltaire dans ſa* **Zaïre.**

ofa profiter d'une de ces fituations heureufes ou la paffion laiffe languir l'auftére
réferve.

Madame de G. dans une douce révé-
rie oublioit déja qu'elle offroit aux yeux
du fortuné Marquis des charmes que le
Préfident feul auroit du appercevoir; Il
ofa lui en chercher de nouveaux; Nouvelle diftraction de la part de Madame de
G. Elle ne revint a elle que pour trouver d'Artinville entre fes bras; quel moment, leurs ames confondues ne laiffoient
pas même à Madame de G. la force de
s'y oppofer, les foupirs prouverent feulement au Marquis qu'il étoit heureux, &
qu'elle partageoit fon bonheur, un fi tendre effay annonce la fuite d'un commerce
qui dura plufieurs mois. Madame de G. connut bientôt fon Etat, fon amour crut a-
vec le gage qu'elle portoit dans fon fein,
& je vis le jour. N'ai-je pas raifon de
m'en applaudir, puifque je le dois au plus
tendre couple qui fut jamais? Mon Pere
(car déformais je ne parleray plus du
Marquis que fous ce nom) mon Pere me
reçut dans fes bras, j'étois le fruit de fon
bonheur: un fecret néceffaire préfida à
ma naiffance, ais-je trop avancé, Mada-
B 4 me,

me, & ne suis-je pas fille du mistère &
l'amour ?

Vous voila maintenant au fait, Madame, de l'Origine de Juliette. La fille de
Madame de G. pouvoit-elle porter un autre nom. C'étoit celui de ma Mere, il
devint le mien. Le tendre Marquis ne
pouvoit en choisir un autre, son attachement pour elle lui faisoit une loi de con-
sacrer jusqu'a son nom au fruit chery de
son amour. Ma Mere s'appelloit Julie. Cette Syllabe ajoutée, en adoucissant encore
l'expression sembloit convenir mieux à
l'enfance. Qu'il m'est précieux ! je ne
le dois pas à un choix étranger ; Il ne me
rappelle que Madame de G. L'Autheur
de mes jours est le Pontife du quel je le
tiens. Son cœur seul la dicté ! Les tendres acçens qui en accompagnerent le
prononcé tinrent la place de l'appareil &
du Cérémonial. En ais-je moins vécu?
Non, mais bien plus libre. L'éclat eût
servi à ternir mon innocence : aussi n'en
fut-il pas question:

C'étoit d'ailleurs parer à mille incon-
véniens, le sécret devoit présider a ma
naissance ; on en sent la nécessité, il falloit
dérober au Président la connoissance d'un
                                        évé-

événement tout a fait indépendant de lui, il falloit lui épargner le Chagrin de se voir revivre forcément & de ne pouvoir douter qu'il y eut une cause moyenne à laquelle il en fut redevable; il falloit sauver à mes parens, & sur tout à ma Mere les emportemens d'un vieux fou, voler au public, la maligne satisfaction d'un comentaire, & les fraix d'un Compliment à Monsieur de G. qui ne pouvoit rouler que sur le merite de l'adoption; son age, & ses infirmités auroient rendues l'imputation Calomnieuse, un incident prolifique tape la honte & le ridicule. s'il arrive dans un tems ou cette vertu doit être moralement éteinte; le Président sçavoit au surplus qu'il en étoit logé à l'impossibilité physique, il est souvent fâcheux de trop connoitre ce qu'on vaut.

Je fus remise entre les mains d'une femme de Campagne attachée depuis long-tems au service de Madame de G. Ma Mere, à qui cette femme avoit des obligations, lui confia le soin de me nourir. Un ample salaire, dans le début, assura son secret; Elle y fut liée par la perspective d'une plus riche récompense à l'avenir, Sa fidélité & son silence devoient y

met-

mettre le tau ; C'étoit l'obliger inviolablement. Le Ciel prit foin d'épargner à
Madame de G. les fuittes incommodes, &
dangereufes de fon Etat. Elle fut affés
promptement rétablie, & le Préfident ne
dut attribuer qu'à une indifpofition le tems
qu'elle fut obligée de garder le lit. La
préfence de mon Pere qui ne la quittoit
point, en abrêgea la durée, les foins qui
partent de l'objet aimé portent des remedes bien falutaires ; & ma Mere dut à
fa tendreffe des efforts de tempérament,
qui raffermirent dans peu fa fanté ; Le
repos du Marquis étoit attaché à fes jours.
Le defir de conferver les fiens fit fon fa-
lut ; On s'apperçut à peine qu'elle avoit
été Malade ; les Vifites recommençoient
chés elle, & tout étoit remis fur l'ancien
pied. d'Artinville, qui venoit très fouvent fçavoir de mes nouvelles en portoit
à ma Mere de bien fatisfaifantes. Leur tendreffe mutuelle dont toute la vivacité fe
réüniffoit fur moi, les occupoit déjà du
foin de mon éducation prochaine ; Préts
à me retirer du fein de ma nourrice, il
falloit me remettre entre les mains de quel-
quelque fille de Confiance deftinée à la conduite de mes premières années. Ce choix
étoit

étoit embarassant pour les vuës de mes parens, il étoit difficile de l'assortir avec le plan qu'ils s'étoient formé.

Des principes qu'on reçoit dans les prémiers tems dépend présque toûjours la façon depenser pour la suite ; Comment trouver quelqu'un assés fidelle , & assés éclairé pour ne m'inspirer aucune de ces opinions dangereuses coulées à l'abri d'une doctrine nécessaire ? L'on vouloit fuir l'éceüil du préjugé & Madame de G. seule pouvoit se réposer sur elle même du soin de me former à la vraye pratique de la vertu ; Mais quel Embarras. Comment sous les yeux du Président ? Lui même y pourvut le bon homme, pour la premiere fois de sa vie, fit acte de Complaisance ; Ce fut aussi pour la dernière, puisqu'il eut celle de se laisser mourir. Un rhume épouvantable, fruit de sa sordide œconomie, le ramena d'une ferme où il étoit allé, conter les gerbes de sa récolte. Il en revint assés malade pour ne plus relever. Soit attachement, soit justice pour ma Mere, il l'a dédommagé, en mourant, du chagrin de lui avoir appartenue. Un Testament en bonne forme la fit maitresse de tout son bien. Il ne manquoit plus au présent que de la mettre en possession.

fion.   Le deftin fit pour lui ce trait de générofité; & au bout de quinze jours elle fe vit, par fa mort, dégagée envers le Public, & libre de difpofer de trente mille livres de rentes.   On juge aifément qu'excepté le crêpe & l'attiraïl du Veuvage dont le ridicule affublement eft le figne équivoque de la douleur, celle de Mad. de G. fut plus que fuportable. Elle étoit même trop franche pour prendre fur elle de jouër la trifteffe.   Mon Pere, qu'un plus jufte ufage du monde avoit mis au fait de la néceffité d'une affectation, la força pour ainfi dire, à prendre un air affligé.   Il devenoit néceffaire aux conjonctures, & finguliérement à caufe de moi qu'il falloit trouver moyen de remettre entre les bras de ma Mere fans que le Public put y donner aucune tournure fâcheufe.

Que n'eft-il permis de s'affranchir de ces fortes d'Egards dont la bienféance impofe la trifte gêne. Que peut-on craindre ? qu'a-t-on à ménager ? Rien fans doute, & lorfqu'on eft affez heureux pour ne plus penfer avec la foule, qu'à de commun fa cenfure avec la tranquilité d'un quelqu'un qui a refufé de plier à l'empire de l'opinion reçûe, j'avois prévû l'objection.

tion, & je crois y répondre en donnant la véritable idée d'un Philofophe.

Ce titre a trompé jufqu'aujourd'hui; il fembloit préfenter l'orgeüilleufe préfomption d'un homme perfuadé qu'au de-là de fon Siftême il eft deffendu de penfer jufte. Le ridicule entêtement d'un Chef de parti, la bifarre caufticité d'un homme fingulier ennemi de tous, haï du plus grand nombre; la bile, l'humeur noire d'un Mifantrope; peut-être même la vitieufe Morale d'un libertin, reduit a joüer l'efprit fort pour vivre en repos dans fes égaremens, forcé de fe faire illufion fur les craintes pour s'épargner les remords, ou du moins la fotte vanité d'un homme enfeveli fous fon peu de mérite, avide d'un nom, d'une réputation, qui prend le change fur les vrais moyens de la former, & qui conte l'acquerir au prix du ton décifif de l'effronterie; voila définir un fou & fon inconféquence. Quelle comparaifon avec un Sage réfléchi, jaloux de trouver le vrai, qu'il cherche, qui fuit les notions que la raifon lui indique, qui s'y arrête avec confiance, qui, fans critiquer la conduite de ceux qui penfent autrement que lui, gémit par un fentiment naturel de leur aveuglement; mais

qui

qui trop modeſte pour imaginer que la Vérité adoptée par un ſeul puiſſe jamais pré-
valoir ſur le menſonge, généralement ca-
noniſé, n'a pas aſſés d'amour propre pour
afficher ſon Siſtême, ou pour crier à l'erreur.   Chaque jour il développe de nouvelles connoiſſances, celles du cœur humain, l'aident à ſe garantir des vices qu'il
y découvre. Loin de chercher à marcher
ſeurement dans la voye du Crime, l'om-
bre ſeule lui en fait horreur ; Ennemi des
foibleſſes humaines, il tâche non ſeulement à s'en garantir, mais il n'eſt pas ennemi de l'humanité. Ses principes le rap-
prochent de la Société ; Les ſentimens
avec leſquels il eſt né lui inſpirent le deſir
de contribuer à en rendre le commerce
doux & liant; fait pour les autres, ainſi
que tous les autres pour lui, ſon acceüil
n'a rien de ſauvage ni de rude; On ne lit
point ſur ſon front combien il déſavoüe
les actions des autres; il evite même qu'on
puiſſe le démêler dans ſa conduite. Vou-
droit-il choquer perſonne? De là naiſſent
ces égards aux quels ſa douceur le fait aſ-
ſujetir, & s'il ſe ſoumet aux bienſéances
reçues, c'eſt pour apporter, de ſon côté,
l'harmonie , dans la Societé , convaincu que perſonne n'eſt exempt d'y contribuer.   Je

Je puis sans trop de vanité placer dans cette catégorie la façon de penser qui animoit les Autheurs de mes jours. Leur respect pour certains usages en sortoit nécessairement. Ma Mere coula les premiers tems de son deüil dans cette austere retraite que l'on prescrit à la douleur. Elle vit très peu de personnes, & d'Artinville même avec plus de ménagement; Il en coutoit à tous les deux; mais cette contrainte fut courte; Des affaires de famille forcerent mon pere à une absence qui quadroit aux circonstances. Je ne peindrai pas ce que cette séparation eut de cruel. Je dois éviter les lieux communs des Romans, puisque je ne prétens pas que mes Mémoires y ressemblent; Mes parens s'aimoient, j'ajoute que la tendresse craint les moindres intervalles qui peuvent interrompre l'expression du sentiment; & c'est tout dire. Madame de G. resta seule livrée toute entiere au désir de son retour & a l'empressement de m'avoir auprès d'elle. Elle étoit convenue avec mon Pere des biais que l'on pourroit prendre sur cet objet, & elle prit le parti d'aller passer le reste de son deüil dans cette même terre ou j'avois été déposée. C'est la que je reçus ses premières

careſſes. Les larmes dont elle m'arroſa
en m'embraſſant préſageoient, ſans doute, les triſtes événemens que le Sort nous
deſtinoit a toutes deux. Mon Pere, dont
elle recevoit exactement des nouvelles,
avoit déjà fixé à quatre mois le tems de ſon
retour.   Madame de G. voyoit cet intervale, quoi qu'aſſés court, dans une per-
ſpective bien éloignée.   La préſence ſeule du Marquis auroit pû lui faire trouver
qu'elqu'agrément dans cette Campagne ou
elle vivoit iſolée; Le retour de la mauvaiſe Saiſon la rendit tout-à-fait déſerte.
Elle retourna enfin à la Ville, & j'y revins avec elle, ſon projet étoit de me faire paſſer pour la fille d'une ſienne paren-
te de l'éducation de la quelle elle avoit bien
voulu ſe charger autant par amitié pour
ma Mere ſuppoſée, que pour faire diſtrac-
tion aux ſombres idées que ſa ſituation
ſembloit authoriſer.   Il n'étoit beſoin,
pour la réuſſite de cet arrangement, que
de faire les fraix d'une fable ou la vrai-
ſemblance fut gardée; Ce travail de l'eſprit coutoit auſſi peu à ma Mere que la
crédulité au Public.   Le ton du debit fait
prèſque toûjours le plus ſeur crédit d'une
hiſtoire.

Celle ci fut adoptée, & je paſſois déja
pour

pour la niéce de Madame de G. Plus de gêne fur cet article. Le principe étoit reçu la conféquence devoit être applaudie, & cette conféquence étoit les tendres foins de Madame de G. fur lefquels les Eloges ne tariffoient pas. Ma petite figure étoit d'ailleurs affés intéreffante. Dois-je me définir; & feroit-ce un ridicule fi j'ajoute qu'en grandiffant, ces legers agrémens fe développerent avec plus de force. Il faut bien convenir que j'étois jolie, puifque mes foibles attraits ont été l'ame des événemens que je dois conter. L'amour propre n'a pas de part à cet aveu; j'aurai foin de n'en pas laiffer fubfifter de doute en détaillant ce que j'ai toujours penfé de la valeur, & du prix d'une belle phifionomie.

Ma Mere fe livroit fans réferve à toute fa tendreffe. Ma langue commençoit à fe délier. Quel nom me fera-t-il permis d'articuler, & de quel titre appellerais-je Madame de G? Celui de tante devoit-il être adopté? Il le falloit, en quelque forte, pour foutenir l'opinion qu'on avoit conçu fur mon conte. Mais qu'il étoit foible, & que cette expreffion rendoit mal le fentiment de la nature! m'auroit-on deffendu d'apeller Madame de G. ma

re le détail. Cet Ouvrage eſt enfin fini. Je t'en envoye une Copie
ſous cette enveloppe. Tu verras
qu'en ſuivant pour guide ce ſentiment naturel, qui doit êrre nôtre
Bouſſole, on évite les écarts groſ-
ſiers dont le récit ſeul eſt cho-
quant, tu verras que cette indépendance, Fille de la Liberté, reconnoit toujours l'Empire de la
Vertu. Si ce n'eſt plus un Deſpotiſ-
me Tyrannique qui nous aſſervit
en Eſclaves, c'eſt du moins une
pratique raiſonnable qui impoſe
une Loi douce a l'Homme libre.
Juge Ami, ſi je me ſuis mépris. Ta
réponſe en m'envoyant cet écrit,
lorſque tu l'auras lû, m'apprendra
qui de Thereze, ou de Julie, mérite le titre qu'elle ſe donne.
Adieu, porte toi bien, que puis-je

te

maman? Ses bontés pour moi en faifoient
au public une feconde Mere, & l'autori-
foient à me traitter de fille. Rien ne convenoit d'avantage; auffi ne m'en apprit-on
pas d'autre, & fi les mefures du fecret
fervoient à me tromper fur la vérité de
mes obligations vis-à-vis de celle que je
pouvois ne croire que ma bienfaitrice,
le tendre penchant de la nature fçut mé-
clairer de façon à ne pas me méprendre
fur le nom qu'elle méritoit de ma part.
Ma confiance pour ma belle maman croif-
foit avec moi; Elle avoit réfolu de laiffer
germer en mon cœur les vrays principes
que la raifon toute feule y fait naître; elle
s'étoit feulement réfervé le droit de de-
broüiller cette efpèce de *fœtus* encore en-
féveli fous l'envéloppe de l'Enfance; Ce
foin lui faifoit couler avec moins d'ennui
le délay qne le Marquis lui avoit indiqué.
Nous touchions au moment de le revoir.
Hélas! bien éloigné, de penfer à l'accident qui devoit tromper nos efpérances;
je dis nos efpérances, car l'on m'avoit
appris que je devois me réjouïr du retour
d'un homme inconnu pour moi, la façon
dont ma belle maman me l'avoit peint
avoit excité l'intérêt dans mon cœur, &
fes entretiens Journaliers m'avoient déci-

dées

dées à une impatience dont le motif étoit jufte quoi que je n'en connus pas encor tout le vrai. Madame de G. avoit reçu depuis peu de jours des lettres du Marquis. Il lui mandoit que fes affaires étoient entierrement terminées, & que s'il n'étoit obligé d'aller fur le Rhin pour y joindre fon Régiment qui y étoit paffé depuis fon départ, rien ne l'arrêteroit plus. Cette alternative nous jettoit dans le doute, & nous n'en fortimes que pour éprouver de plus vives inquiétudes. Il avoit effectivement été obligé de joindre. Efclave de fon honneur & de fes devoirs, fa tendreffe, difoit-il fouffroit infiniment du retard, mais, enfin il devoit être court, puifque l'on parloit de terminer la Campagne par la prife de Philipsbourg. La tranchée étoit ouverte, le fiege fort avancé, & la ville devoit tenir peu de tems contre la vivacité de nos attaques. Quelles furent les agitations de Madame de G. a cette lecture! Son Sexe, fait pour être timide, la livra aux craintes de cent mille périls qu'elle fe figuroit encore au deffus de la réalité. Le tableau de la guerre, cette affreufe peinture, fe traçoit à fon imagination avec les plus noires couleurs. Son tendre attachement pour le Marquis

con-

conduisoit le pinceau; N'est-ce pas donner une idée exacte des troubles qui la
tourmentoient. Le presage, cet esprit
de pressentiment funeste d'un salutaire avis, & qui pour l'ordinaire n'est
que le malheureux effet d'une tendre simpatie, préparoit d'avance ma bonne maman à la triste nouvelle qu'elle reçut peu
de jours après. Deux lignes tracées d'une
main mourante & sans force; *je suis bles-*
sé, vous m'aimés, je suis à vous, je ne puis
vivre que par vous, vous m'entendés, Adieu.
Tel fut, sans autre détail, ce qu'elle trouva après avoir rompu les cachets. Qu'on
juge de sa situation; une douleur vraye,
mais raisonnable, lui permit une résolution, & cette Madame de G. que j'avois
vû si foible, me serrant tendrement entre ses bras: Allons, me dit elle, allons,
ma chere fille, au secours de votre Pere,
étonnée, je voulus répondre, mais je
n'eus que le tems de monter avec elle dans
une chaise de poste qui nous conduisit
droit au Camp. Muette l'une & l'autre
pendant la route, je n'eus ni la force de
questionner, ni presque celle d'appercevoir que je faisois chemin, nous arrivâmes à la tente du Marquis. Quelle en-
trevûë! une toile, foible abry contre les
                                        in-

injures de l'air, un chevet que la nécessité seule pouvoit rendre commode, mon Pere exténué, presque sans voix, prêt à rendre les derniers soupirs. Son ame sembloit avoir attendu, pour s'échapper, le moment de nous prononçer un dernier adieu : Ah, Madame, dit-il à ma Mere en entrant, je vous perds, & votre présence renouvelle le coup qui m'assassine. A genoux près de son lit, elle tenoit une de ses mains qu'elle baignoit de ses larmes ; le Chirurgien qui craignit l'effet de l'émotion la força de se relever pour laisser un peu de repos au malade, il avoit malheureusement prévu juste. d'Artinville tomba dans une sincope dont on eut toutes les peines du monde à le tirer. Madame de G. lui donna ses soins avec un courage au dessus de sa douleur. Revenu a lui même, il vit toute la contrainte qu'elle se faisoit pour paroître tranquile. Il lui rendit le change, & prenant aussi un ton plus assuré, il demanda son porte feüille. C'étoit pour en tirer un pacquet cacheté que Madame de G. ne devoit ouvrir qu'après sa mort, & m'ayant fait apporter sur son lit, il fit appeller sept à huit de ses amis pour être les temoins des aveux, qu'il vouloit faire. J'en devois être l'objet. Il me prit entre fes bras, & après mille careffes, il me remit à Madame de G. mes droits font ceffés, ma chere fille, me dit-il, je n'en ai jamais connu d'autres que ceux de la tendreffe, & je puis avec confiance les remettre tous à votre Mere. Celle que je lui fçais pour vous la rend feule en état de les exercer; répondés y, ma chere Enfant, par une foumiffion exacte, qu'elle foit la dépofitaire de toutes vos penfées, comme vous le foutien de fes peines; Vous êtes le fruit de notre tendre union; la volonté libre, & reciproque, la fimpatie avoit tiffu nos liens, fi l'appareil y manque, ils n'en font pas moins folemnels. Je les ratifie encore aujourd'hui. Le préjugé ne peut y porter d'atteinte. Je vous laiffe un gage du titre que vous tenés de moi, en même tems que la Vie. Sechés vos pleurs; mes jours étoient contés. Le Deftin ne connoit pas de loi. J'ai rempli mon fort; le vôtre eft de Confoler vôtre Mere & de vivre digne d'elle. Souvenés vous que j'aurois mérité votre Amour; & vous, Madame, épargnés a mes derniers inftans la douleur de partager trop vivement vos regrets. Ils font déformais fuperflus. N'oubliés pas que je vous fus

cher;

chér; mais rappellés toute vôtre raifon. Souvenés vous des principes que nous avons toujours adopté l'un & l'autre, voici le cas d'en faire ufage. La carrière dé l'homme ne peut paffer le terme prefcrit; Les larmes font une ftérile reffource & les leçons d'un Epoux qui vous.....

Une feconde foibleffe l'interrompit à ces mots, & trois quart d'heures après il expira. C'eft encore ici le moment de peindre; mais le tableau de la douleur n'offre jamais qu'une funefte image qui fouvent rebutte plus qu'elle ne touche. On fe fouvient que le Marquis avoit des qualités rares & qu'il nous appartenoit a toutes deux par des titres facrés. J'étois peu en état d'en connoitre toute l'étendüe. Ce n'étoit pas cette trifteffe réflêchie, qui s'allarme des conféquences de fon malheur, mais mon cœur fentoit qu'il perdoit un bien qu'il connoiffoit à peine, & j'y trouvois un vuide. Les amis du Marquis joignirent leurs efforts pour nous éloigner; la préfence de ma Mere étoit inutile à tout l'appareil lugubre dont l'ufage alloit faire les apprêts. Munie des gages fecrets de la tendreffe du Marquis nous remontâmes en chaife, & reprimes notre route. Le premier foin de ma Me-

C 4

re,

re, en arrivant à Mets, fut d'ouvrir ce pacquet miſtérieux dont elle avoit déja pénétré l'énigme. J'ai ſçu depuis qu'il contenoit un legs par lequel mon Pere diſpoſoit entre ſes mains de toute ſa fortune en ma faveur. La reconnoiſſance que l'on doit aux bien faits ne peut-être altérée par le doute d'en jouir. Il y avoit a parier que cette donation ne ſubſiſteroit pas dans toute ſa force. Le Marquis n'avoit conſulté que ſon cœur; l'avidité de quelques uns de ſes parens toujours prêts a s'emparer des dépoüilles de ceux dont la loi ſemble leur déférer l'héritage ne devoit ſans doute pas échapper l'occaſion de la faire valoir contre moi, & d'invoquer à leur ſecours le rigoureux appui de l'uſage pour me fruſtrer de mon patrimoine; Mais enfin cette difcuſſion devoit entrainer un tems. Parmi les dons de mon Pere il ſe trouvoit une fort belle terre, ſituée près de Vienne, en Dauphinée. Ma Mere, au moins juſqu'au tems qu'elle nous fut ravie ſe fit une idée conſolante de pouvoir y vivre ignorée. Cette retraite volontaire lui promettoit la liberté de veiller uniquement au ſoin de mon Education; C'étoit la vraye façon d'honorer la cendre de ſon époux. Ses dernieres pa-

roles

roles lui avoient confié ce soin si cher à
son cœur : j'étois pour elle un dépôt pre-
tieux dont elle ne vouloit se défaisir qu'a-
près m'avoir muni de tous les préservatifs
de la contagion. Mets étoit trop voisin
du théatre de nos malheurs pour qu'il n'en
eut pas transpiré quelque chose. Mon
état devoit y être au grand jour.
Elle prévoyoit tout l'effet de cette connoissance, & sans être jalouse de l'estime
qu'une juste prévention peut refuser, c'é-
toit, en y restant, s'exposer à la gêne
d'Etre sans cesse obligée de faire tête à
l'orage. Elle réalisa tous les biens qu'elle
pouvoit avoir dans ce païs, & après a-
voir chargé quelqu'un du détail de cet arrangement, elle me mena reconnoitre
avec elle le séjour qu'elle se proposoit pour
l'avenir. Ce voyage, & la vente dont
je viens de parler prirent l'espace de deux
ans & demi, & j'en avois près de sept
lorsque ma Mere s'établit enfin à Remivale. Mon age me mettoit déja en Etat
d'Etre plus sa compagne que sa fille. Mon
respect caracterisoit l'une; & mon tendre attachement me rendoit veritablement cette
compagne nécessaire à la douceur de sa vie.
Je commençois a sentir. Cette pente cu-
rieuse dont on accuse notre sexe me four-

nis-

niſſoit mille idées qui ſe developpoient
par cent queſtions aux quelles elle avoit
la bonté de ſatisfaire. Je ne connoiſſois
rien encore; mais toutes les actions de
Madame de G. faiſoient le plan des mien-
nes, & ſans démêler le principe des
choſes que je lui voyois faire, j'étois
entrainée à la Copie la plus exacte. Ma
Mere voyoit, ſans doute, avec plaiſir que
je me formois à l'habitude du goût quelle
auroit voulu m'inſpirer. Nous recevions
quelques viſites; & ſes revenus la mettant
à même de procurer du plaiſir à ceux qui
les lui rendoient, nous étions rarement
ſeules. J'en cherchois le moment depuis
plus de dix mois que nous vivions dans ce
ſejour. Il s'offrit enfin; c'étoit un dimanche
au retour de la Meſſe. Ma Mere avoit
voulu retenir à diner Madame de Brieule,
& Monſieur de Courtanvale; de tous nos
voiſins c'étoient ceux dont elle faiſoit le
plus de cas. Quelques raiſons les ayant
empêché d'y venir, je retournai ſeule a-
vec elle au château. Pour cette fois enfin je rompis le ſilence, & ce fut pour
demander à ma belle maman ce que ſigni-
fioit donc cet inſtant périodique que je
voyois arriver chaque ſemaine a pareil
jour, & qui y raſſembloit tout le monde
dans

dans un endroit d'une ftructure finguliere.
J'ufai de la dénomination propre ; elle
métoit connuë ; j'ignorois feulement quel
pouvoit être le motif de ce qui s'y paffoit,
& que je ne voyois que là. Madame de
G. me répondit en quatre mots, & fou-
rit. Plus embaraffée qu'inftruite je conclus feulement fur fa réponfe qu'on y rendoit hommage au Maitre de toutes les chofes qui m'avoient étonnées dans la Nature ; mais ce Maitre que mon cœur m'a-
voit annoncé mille fois m'étoit totalement
inconnu. Madame de G. m'avoit dit
que ces foins lui plaifoient, que c'étoit la
façon de l'adorer. Je fentois bien que
ce Culte étoit jufte ; les bontés de ma
belle maman excitoient de ma part la
reconnoiffance, & je conçevois déja qu'a
plus forte raifon l'on en devoit à celui
qui Maitre de tout nous faifoit fi géné-
reufement part de fes biens. Mais Madame de G. n'exigeoit pas ma gratitude
à titre de tribut ; je la lui marquois affés
par le bon ufage que je faifois de fes bien
faits. Elle en étoit payée en me voyant
convaincuë que je tenois tout d'elle ,
elle ne me faifoit pas une loi de le
lui répéter fans ceffe. Toutes les
chambres du chateau de Remivale, tous

les

les cabinets des jardins, toutes les allées des boſquets lui plaiſoient également lorſque je lui en parlois, & je n'avois pas un lieu fixe ou je du lui témoigner plus de tendreſſe , ni lui développer mes ſentimens.   Je raiſonnois, & j'étois ſurpriſe de trouver cette différence ; Ma belle maman auroit elle tort, me diſois je ? & pourquoi s'écarte télle d'une methode ſi decidée, n'a télle donc pas les mêmes droits, j'oſai lui propoſer mes doutes, ſa reponſe me frappa d'abord.

Vous êtes dans l'erreur, ma chere Enfant me dit-elle.   L'eſpece de gratitude que vous devés à Dieu differe, ſans contredit, de celle que votre cœur me rend. L'alluſion eſt déplacée, le ſentiment digne de l'Etre le plus parfait eſt bien au deſſus de celui que la Créature peut vous inſpirer.   Je veille à votre ſubſiſtance à votre Education, à vos mœurs, j'en conviens.   Je fais tout ce que je puis ; mais par qui le puis-je, c'eſt à la ſource première de tous les biens que je vous partage que doit s'adreſſer l'expreſſion de votre reconnoiſſance.   Elle doit être plus éclatante, Un bien fait, un ſecours, une Conſolation, marque l'inſtant de ſe répandre en actions de Graces.   Je ſentis la
force

force du raifonement, & je convins qu'a-
yant ces avantages communs avec tous les
hommes, il falloit auffi que le remerciment fut génerale; mais je n'étois pas
encore fatisfaite. Je ne pouvois croire
que, pour donner valeur à cet acte, il
fut néceffaire de l'affortir de tous les dehors qui me furprenoient tant. Le langage du cœur me fembloit le feul vrai,
& le feul digne de la divine Majefté. Les
Himnes, les prieres & les facrifices me
paroiffoient confifter uniquement dans les
extafes de l'ame. Saifie d'admiration à
l'idée des grandeurs du Souverain Maitre. Il me fembloit que les faillies de
notre amour exprimoient avec force les
fentimens dus a fes bien faits, & les pro-
teftations de notre foumiffion, & de notre dépendance formoient, à mon avis,
l'aveu complet de fa fouveraineté. J'é-
prouvois dans ma petite intelligence tous
ces mouvemens, & mon cœur adoroit,
fans choix de tems, de lieu, de pofture,
& de fituation: j'avois d'ailleurs cent fois
oui parler de la variété des ufages. Cette forme pouvoit elle donc étre arbitrai-
re? Et pourquoi par une contrarieté finguliere dans ce même temple, ou l'habitude & l'exemple me conduifoient, dé-
cla-

clamoit-on fi fouvent contre d'autres hommes dont je ne connoiſſois que le nom,
& dont les pratiques étoient différentes ?
C'étoit, à mon avis, le cas de l'unifor-
mité.　Je le dis a ma belle maman, &
pour le coup je ne m'étois pas méprife :
Vous avés raifon, ma chere fille me
dit-elle, & la Nature ne vous trompe
pas.　La pieté, telle que vous la conce-
vés, eſt une vertu ; & parmi les fignes
deftinés à en répandre l'efprit, il n'en eſt
pas, fans doute, que l'Etre Suprême af-
fectione de préférance.　Il n'eſt qu'une
maniere de l'aimer & de lui plaire ;　mais
il en eſt plufieurs de lui marquer ce fentiment. Dans les premiers fiecles, les hommes, convaincus qu'ils tenoient tout de
Dieu, ont cru lui devoir des offrandes
publiques de ces biens qu'il avoit crée,
pour leur ufage.　Delà l'origine de l'exterieur qui vous frappe, ils euffent tous
été d'acord fur la façon de faire ces offrandes, fi au fortir des mains de la nature,
exemts alors d'exemples & de leçons, ils
avoient fuivi leurs propres mouvemens ;
Mais l'éducation, leur ayant impofé des
regles, ils fe font foumis aux loix de ceux
qui pour fe rendre defpotiques ont ofé in-
venter des rites, des ablutions, des liba-
tions,

tions, des facrifices. La jaloufie a fait germer les Schifmes, & les différences; & la contrainte, & la Politique ont dans tous les pays affervi les hommes a des pratiques réglées, & Périodiques. Peu capable, continua-t-elle, de vous donner des notions exactes, puifque je ne vous rends que des connoiffances empruntées, ouvrés avec moi, ma chere fille ce precieux thréfor ou font renfermées les regles & les préceptes de la vraye doctrine qu'il vous faut fuivre. J'y lus, Madame, j'y lus avec ma Mere. L'evidence a de grands droits fur notre raifon. Je ne pus me refufer à celle que je trouvai dans cet Ecrit; le même détail que Madame de G. venoit de me donner un inftant auparavant, les mêmes folutions, la même force, mais avec cette clarté que prête l'étendue d'un raifonnement appuyé fur la démonftration (*). Je

trou-

(*) Le livre des mœurs, c'eft celui fans doute ou l'on peut puifer la conviction fur cet objet. La néceffité d'un culte extérieur y eft parfaitement prouvé, & je ne doute pas que l'Autheur n'ait mérité grace par ce feul endroit fur le furplus des vuides & des foibles argumens de fa morale; quoi qu'il en foit on lui doit fçavoir gré de l'entreprife, fi fon livre n'eft que le beau projet d'un homme confommé il eft au moins le chef d'œuvre d'un homme qui commence a penfer & à Ecrire.

trouvai que l'unité avoit malheureufement été rompuë par la multitude des Cultes, ou plûtôt par la foule des Pontifes deftinés a en fixer le Cérémonial, dans tous ceux dont ce livre me prèfenta l'ébauche je n'en vis qu'un qui ne fut pas fufceptible de diverfité ; la raifon me l'avoit déja fait connoitre. Madame de G. m'y renvoya ; C'eft à la Réligion naturelle, me dit-elle, c'eft à cette Réligion dont vous portés les principes au fond de votre cœur que vous devés être inviolablement attachée, mais lorfque celle du Païs ou vous êtes née ou de celui ou vous vivés fe trouve compatible avec les principes de la premiere, il ne vous eft pas permis d'y donner atteinte. Vos devoirs remplis vis-à-vis de l'Etre fuprême, il vous en refte vis-à-vis des hommes, & la déférence pour le culte établi eft un de ces devoirs. Je n'en fuis pas Efclave, mais je m'y foumets : Auffi me voyés vous fuivre, au moins dans les inftants Confacrés par l'ufage, ces pratiques qui vous ont furprifes. Je fus convaincue.

L'on ne peut conçevoir fans doute que Madame de G. ait tenu ce langage à un Enfant de fept ans ; mais j'ai raffemblé fous un point de vüe fes leçons données à cent reprises différentes , & l'on doit me tenir conte d'avoir épargné le détail de mon premier âge pour conduire le lecteur a celui de douze ans que je pouvois avoir environ , lorfque je commençois a concevoir réellement ce que je viens de dire : Il y en avoit cinq que nous étions a Remivale. Les trois premieres années, tranquiles poffeffeurs des généreufes largeffes du Marquis d'Artinville, nous avions joui fans trouble de cette douce fatisfaction que l'on goûte à tenir fon bien être d'un quelqu'un qu'on refpecte & que l'on aime. Dans cet endroit que l'art, d'accord avec la Nature, fembloit avoir pris foin d'embellir, tout nous retraçoit la Mémoire du premier Maître à qui ces biens avoient appartenus. Madame de G. fe fouvenoit toujours avec fatisfaction du tendre nœud qui l'avoit liée au Marquis. Pour moi, devenue capable de fentir, je me rappellois avec reconnoiffance ces marques de bonté dont il avoit fignalé cet inftant malheureux ou je l'avois vue pour la premiere fois. Cette image nouriffoit bien moins l'amertume de nos regrets, que la Vivacité de notre tendreffe. Le tems avoit paffé l'éponge fur ce trifte événement ; mais il ne dépendoit pas de lui d'amoin-

D

drir

drir nos fentimens. Nous nous plaifions à nous en entretenir. Déja nous avions remercié le Ciel qui fembloit avoir favo- rifé le deffein de mon Pere, & qui per- mettoit, fans doute, qu'aucune traverfe ne nous vint ravir les gages précieux que nous avions de lui. Ma Mere doutoit en- core quelquefois. L'expérience lui avoit appris qu'on rifque tout à fe fier fur les faveurs de la fortune. Je n'en connoiffois pas encore les caprices, & je ne croiois pas devoir en rien craindre. Nous tou- chions cependant au moment d'en effuyer le revers. On verra combien il eft heu- reux pour moi que ma Mere, plus timi- de, ait pris foin de raffembler au fond de mon cœur des threfors plus affurés. Leur reffource m'a foutenue dans toutes mes disgraces, & j'en ai bien connu le prix.

On juge aifément qu'inftruite fur les objets qui ne peuvent jamais être contés que comme la partie acceffoire de notre éducation, Madame de G. n'avoit pas omis ces parties fi effentielles au furplus de la conduite d'une jeune perfonne de- ftinée à faire dans peu fon entrée dans le monde. Je touchois à ce moment critique qui décide du refte de la Vie, s'il eft vrai que l'opinion que le hazard fait concevoir

de

de nous dans le début soit presque toujours l'étiquette du merite que nous de
vons avoir pour l'avenir. A tous ces A-
musemens de l'Enfance, à ce jargon qu'on
lui permet, devoit bientôt succéder la se-
rieuse étude des Maximes du monde, & le
ton mesuré qu'on y doit prendre. Mon
age développoit ma figure. S'il est d'un si
grand prix de devoir à la Nature, le présent d'une gracieuse phisionomie, pourquoi faut-il que ce don soit funeste ; &
comment peut-on faire cas de l'instru-
ment qui sert à préparer nos maux, &
nos chagrins? J'alois être bientôt à même, par ce fragile avantage dont le tems
décompose tout le mérite, j'allois dis-je
être à même de plaire aux hommes & de
déplaire à presque toutes les femmes. Il
falloit me préserver du piége flatteur que
présente l'homage des premiers, m'apprendre combien je devois me défier des
louanges des autres. Leur envie nous offre cet amorce ; mais tout est faux dans
leurs Eloges. Des Caresses sans sincérité,
des politesses sans ménagement, voila les
femmes. Un Culte frivole aussi léger que
l'objet qu'il décide, pas plus constant que
celui qui le présente, voila les hommes.
Telles étoient les sages leçons dont Ma-

D 2

dame

dame de G. nourissoit mon cœur. Elle y avoit joint le tableau exact de ce Théatre ou le moindre Atôme joue son rôle. Elle m'en montroit tous les ridicules, & parmi ces derniers, l'espèce de ceux qu'il falloit absolument adopter. Je connoissois déja les loix rigoureuses de l'usage, & la sévére bien séance. L'estime qu'on attache à ces titres fastueux d'honneur & de Vertu devoient être la base de ma conduite· Mais Madame de G. en me les indiquant comme deux principes s'attachoit à m'apprendre le véritable sens de ces deux noms trop génériques. L'honneur exige sans cesse le Sacrifice de nos plaisirs ; C'est l'idole des dupes. La vertu attache a soi une foule didées puériles, & ridicules ; le Cagotisme les prêche ; & c'est le Siftême des Idiotes. La vrai sagesse qu'elle vouloit m'inspirer eut été également celle du plus parfait honête homme. La Vérité & la Vertu sont une pour les deux sexes ; & la réputation n'est jamais que le prix du caractère, & de l'esprit de Société. Si, après avoir observé ces Régles, la jalouse humeur du Public mord encore sur nos actions, c'est le cas alors d'employer toute sa raison, & de conserver l'assiette tranquile d'une ame

sans

sans reproche au milieu des Eceüils d'une maligne causticité. Au dessus des assauts de l'Envie par ses sentimens, le bouclier du mépris doit servir à en repousser les traits. Né libre & indépendant, l'homme ne doit compte qu'à lui même. Tout ce qui l'environne est hors de lui; le blâme ou le succès sont au fond de son cœur; c'est là le seul tribunal digne de le juger.

J'avois fait quelques pas dans ma quatorzième année. J'étois fille il étoit tems enfin de me mettre au niveau de ce que l'on nomme gens raisonables. Il falloit débuter. Si j'en avois crû les propos qu'on débitoit sur mon Chapitre, Me de G. avoit beaucoup tardé. Chacun sembloit m'attendre; du moins parut-on me recevoir avec plaisir. Monsieur de Courtanvale devoit se marier avec Mademoiselle de Brieulle. Elle étoit de mon age, & nous avions vécu assez liées. Sa Mere & la mienne l'étoient d'ailleurs. Nous fûmes invitées à cette nopce; & on insista fortement à me mettre de la partie. Me. de G. qui s'y étoit attendue, promit de m'y mener. Elle avoit ses vuës. Elle sçavoit que nous devions y trouver une nombreuse Compagnie. A tout le voisinage, qui étoit déja considérable, devoient être join-

tes

tes plufieurs perfonnes de Vienne qui y
avoient été priées.   Le rendés-vous étoit
à Brieulle même à trois quarts de lieue de
Remivale.   L'appareil d'une fête, le tu-
multueux affemblage de ceux que l'idée
d'un Spectacle attire, étoit bien une occafion à me montrer. Me. de G. eut foin
de m'y faire paroître dans tout l'éclat qui
me convenoit. C'eft encore une régle.
L'ajuftement que la Mode a fixé eft celui
qui diftingue, & la figure la plus gracieu-
fe femble exiger des attraits.   Quel ridicule! L'étude peut-elle donc ajouter quelque chofe à ce préfent de la Nature? Un
bel extérieur donne, à ce qu'on prétend,
de la férénité & de l'affurance. J'en avois
affés; mais, en vérité, je ne la devois
pas à la certitude de plaire. Je n'ai jamais été prévenue de cette idée trop per-
fonelle.   Mes réflexions m'avoient feulement apprife à ne pas craindre la Cenfure; auffi n'étois-je pas timide.   Madame
de G. qui me connoiffoit parfaitement,
ne m'avoit rien prefcrit fur l'article du
maintien. Elle étoit prèfqu'affurée que
je n'aurois rien de neuf. Elle avoit trop
bien cultivé mon efprit pour craindre que
mes réponfes me fiffent éprouver le fort
de prèfque toutes ces femmes qui font
                                        mil-

mille conquêtes en se montrant, & qui les perdent toutes dès qu'elles commencent à parler.

Nous étions à la veille de cette cérémonie. Madame de Verteüil, qui étoit partie de Vienne pour s'y rendre vint coucher chés ma Mere. Elle avoit imaginé de nous prendre en passant, & nous reçumes cette politesse de la manière qu'il convenoit. La soirée fut singuliere. Madame de Verteüil étoit la quatrième dans sa Voiture. Elle y avoit donné place à une Amie. C'étoit Madame de Balimpré, une de ces femmes a Anecdotes que nous connoissions déja par le bruit public. Elle pouvoit avoir cinquante deux ans; mais comme tous ses papiers avoient été brulés dans l'incendie d'un des châteaux de son pere mort depuis plus de quarante, son Extrait de Baptême y avoit malheureusement péri; & elle avoit totalement oublié son âge. Elle ne se souvenoit jamais que de la veille du jour ou elle vous voyoit. Cette veille elle avoit mis une parure couleur de Roze sur une robe jonquille; & le lendemain elle en portoit une pareille. Par cette raison si simple, que l'on peut fort bien faire aujourd'hui ce que l'on a fait hier, ainsi d'un jour à l'autre elle étoit

D 4

ve-

venue au point d'être mise du même goût lorsqu'elle arriva à Remivale. Le Chevalier de Fetigny lui donnoit la main, & Madame de Verteüil étoit appuyée sur celle de Milord Midletton. Ma Mère fut passablement surprise de cette chutte. Nous n'étions avec la de Verteüil en aucune affinité, je crois même que nous ne l'avions vûe que deux ou trois fois depuis notre arrivée a la Campagne; Mais cette femme avoit adopté le ton d'aisance, & de familiarité. C'est la fureur de presque touttes les Provinciales. Copier Paris, Minauder, afficher le Ridicule. Elle y avoit passé quelques semaines, & en avoit rapporté cet insupportable esprit d'imitation qui tient souvent de l'indécence & qui du moins tend toujours a l'importunité.

Nous attribuames sa Visite à cette raison. Elle ne nous laissa presque, pas lieu d'en douter. A peine fut-elle entrée, qu'elle usa sans epargne des privileges de la Campagne. Elle mit de coté jusqu'au maintien, pour se livrer à la plus pétulante folie. Madame de G. souffroit; mais en femme sensée elle sembloit applaudir à tout. Je la vis même imaginer, & faire, à diverses reprises les fraix de touttes les

extra-

extravagances qui nous occuperent cette foirée. J'avoüray qu'elle me parut courte. Je m'y amufai infiniment ; mais fur tout du contrafte fingulier qui varioit cette petitte Affemblée. Caractères prefque tous différens, réunis cependant au même objet, Madame de Verteiul, folle par affectation, jouant la Vive ; quelque fois même la paffionnée, vis-avis de qui ? Vis à vis de cet Anglois, de ce Mylord dont touttes les phrafes en notre langue etoient encore plus que douteufes, abforbé dans les réflexions, & forcé de fortir de fon férieux Elément, qui ne répondit qu'avec le froid fous rire d'un homme fatigué. Notre Vieille Coquette, de fon côté, lui avoit déclaré la guerre fur fon filence, & lui adreffoit mille propos qui retomboient, par ricochets avec une grimace fur le Chevalier. Elle en faifoit depenfe en fa faveur. Sa complaifance, & fa politeffe lui prêtoient quelques réponfes obligeantes ; mais à peine les avoit-il tenües, qu'il s'embloit s'en répentir. Occupé plus gratieufement, il paroiffoit n'étre qu'à lui même.

Madame de G. fe mouroit de Vapeurs, & payoit cependant de Contenance. Pour moi j'avois des envies de rire qui m'embarraffoient horriblement. J'en rougis vint

fois, je fus fort etonnée de voir le Chevalier rougir en même tems que moi.　M'auroit-il deviné, difois-je, ou feroit-il dans
le cas ou je me trouve? Je voulus le démêler; à peine l'avois-je rémarqué jufque
là, je le fixay: pouvois-je prevoir tout le
danger que j'allois courrir: ah Madame!
je commençois à l'envifager; & déja, oubliant mon motif, frappée des traits char-
mans dont fa jeuneffe étoit parée, je le
parcourois, lorfque fes yeux furprirent les
miens; un mouvement égal nous les fit
baiffer à tous deux. Je n'eus pas la force
de m'en repentir; il ne m'en reftoit que
pour retourner à cet éceüil ou ma liberté
courroit risque du naufrage.　Je levai la
vue, & j'apperçus le Chevalier dans une
de ces attitudes dignes du pinceau le plus
célébre.　Touttes fes penfées paroiffoient
réunies au point de fon Optique. La tendre indolence, la diftraction, la rêverie:
Oh, combien j'admirai cette vive expreffion de la Nature, & combien j'y fus fenfible! Me. de G. a qui rien n'échappoit ne
ne s'y m'éprit pas, & pénétrant au fond
de mon cœur, ce que je n'ofois encore y
lire, elle étoit mieux au fait que moi-même de tout ce qui s'y paffoit.　Mais trop
prudente pour me laiffer rien entrevoir,
　　　　　　　　　　　　　　　　　elle

elle se réservoit un examen dont je sçaurois me deffier beaucoup moins.

Le Reste de la soirée coula dans le stile du début, & Fetigny, malgré les tracasserie de sa duegne, seroit encore à la même place sans la nécessité d'en sortir pour gagner la salle ou nous fumes averties qu'on venoit de servir. Oubliant alors qu'il étoit l'Ecuyer de la Balimpré, il me presenta sa main. Que jeus de plaisir, & de trouble en l'acceptant. Il me la serra avec ce ménagement mistérieux, & j'y répondis. Mon cœur a toujours été franc. J'aurois menti en feignant ne pas comprendre son geste, & je lui dis plus vrai. Un regard confirma ma réponse. Nous soupirames en même tems, & nos yeux se parloient encore, quand nous primes nos places. L'entretien qu'il venoit d'avoir avoit apparament laissé une teinte de vivacité qui répendoit un air de satisfaction sur nos visages, qui fut remarqué de la Balimpré. Deja furieuse de la préférence polie elle parut outrée de l'intelligence secrette. Mylord Midletton palit & M. de Vertcüil enrageoit de bon cœur de le voir si interessé. Le *Trio* nous conduisoit des yeux, & nous n'eussions pas échappé quelques observations malignes

sans

fans le foin que prit M. de G. de détour-
ner la Converfation. Nous y aidames,
& chacun d'accord fournit à la ranimer,
Made. de Brieule avoit la voix jolie, & elle fe mit à chanter un Vaudeville ; je fus
priée de chanter. Le Chevalier parut le
defirer. Jamais je ne chantay fi bien.
Non, jamais. Vous penfés aifément que
j'avois afforti l'Ariette, au fujet. C'étoit
le moyen d'y mêler de l'ame & j'y reuffis :
enfin nous nous féparames après avoir arrangé l'heure à la quelle nous partirions le
lendemain pour Brieule.

Il me reftoit un furieux ouvrage pour
cette foirée. Je m'étois promife de faire
à Mad. de G. tout le détail de ma journée. Quand je n'aurois pas eu les ordres
facré de mon Pere, cette confiance qu'il
m'avoit prefcrit en mourant, je la fentois
trop tendrement due aux foins de ma belle maman pour la lui refufer. Je n'avois
pas été élevée dans cette Ecole d'opinion
qu'on infpire fur les regles d'une Chimerique pudeur : auffi la honte ne luttoit pas
contre mon deffein. Tout l'embarras é-
toit de lui définir exactement ce dont je
n'avois fçu me rendre un compte précis.

Vous ferés furprife, Madame, de mes
doutes, mais je vous renvoyé à l'exem-
le,

ple. Avés vous bien connu dans le premier inftant la nature des fentimens que vous éprouviés; mais elle m'aidera, cette chere mere, difois-je, elle me connoit trop bien pour ne pas fçavoir m'inftruire; & je me déciday.

Elle mécouta Conftament, & flatté du retour dont je la payois; Ah, ma chere fille, me dit elle en m'embraffant, j'éprouve ta fituation. Ta Mere n'eft pas faite pour tirannifer ton cœur; mais permets lui d'en régler les mouvemens, je ne les trouve pas étrangers, & je ne t'invite pas à les immoler aux devoirs d'une rigoureufe obéiffance, ni aux loix d'un auftere refpect humain. Il eft jufte, au contraire, que tu jouiffe des avantages de ton être. La liberté & l'indépendance, qui font fes plus riches attributs, te rendent maîtreffe de ton fort; mais la Raifon doit éclairer les routtes ou tu vas marcher. Elle feule peut exiger de toi des facrifices, & tu ne peux refufer de la confulter. Préocupée peut-être elle même laiffe moi lever le bandeau qui lui cache le vrai, & ne te réfous qu'après l'avoir fcrupuleufement examiné. Quels avis! quels avis, Madame! qu'ils ont de force quand une perfonne refpectable vous les donne avec

ce

ce ton si propre à persuader. Je suivis Madame de G. dans touttes ses observations La première tomba sur le danger de suivre un penchant aveugle sans en avoir étudié les conséquences. A peine avés vous vu le Chevalier, me dit ma Mere. Son extérieur anonce, je l'avoue, du merite & de la Vertu, mais est-il pour cela ce que vous le croyés? C'est recevoir avec une facilité trop imprudente les avances flateuses que les hommes font souvent à la figure. Le sang de celui dont nous parlons n'anonce a vrai dire aucun de ces défauts essentiels qui semblent être le partage d'une extraction plus vile. Je conviens que touttes ses façons paroissent être le fruit d'une éducation proportionnée à sa naissance. Je sçai que le mérite n'en dépend pas, & qu'un homme, tel qu'il soit, peut en avoir un réel sans s'embarasser du titre de son Tris-ayeul ; mais enfin c'est une belle qualité de plus. Vous n'en voyés pas d'autre au Chevalier. J'en suis seure, ma chere Amie. La simpathie qui vous entraine, vous le montre digne de vous. Eh bien je le veux ; mais la conformité seule des sentimens peut rendre une liaison durable. Etes-vous sure de ce caractere qui vous séduit? Peut-être êtes

vous

vous la trentieme idole quil encenfe. On rifque fon bonheur vis-à-vis d'un homme naturellement inconftant. Tout a droit de lui plaire, & tout ce qui eft nouveau deplace fouvent le vrai mérite. Voila l'objet de votre fatisfaction difcuté. Refte un autre, que je ne trouve pas moins intéreffant pour la rendre parfaitte. Le bonheur de notre vie dépend de garder certaines bien féances; mille préjugés bleffent le fens commun, & la Raifon les profcrit. Mais fouvenés vous que ceux qui font enchaffés avec les loix du pays ou nous vivons, quand ils quadrent avec les vrays principes, nous tiennent affujetis. Sans apprétier la valeur & la Vertu de ce terme générique, qu'on fait fonner à tout propos, il eft conftant qu'on doit en conferver l'apparence : or fi c'en eft une de n'adopter que ces ufages, que l'exemple à légitimés, voyés comme moi que le Chevalier eft hors d'état de s'attacher à vous. En ce genre, il eft lié lui même par un vœu qui paffe pour folemnel. Cette croix, cet emblême qui le d'écore, explique ce que je vous dis. Il a prononcé fes vœux; & dans peu même il doit retourner à Malthe. Sa tendreffe feule peut vous appartenir. Il n'aura droit qu'à vô-

tre

tre eftime lorfqu'une étudė réfléchie vous
aura convaincu qu'il la merite. Qui vous
répond, au fur plus, du cœur de votre
amant ? Un inftant a t'-il pu vous mettre en état d'en juger ? donnés vous
le loifir d'une épreuve. Il ne foutien-
dra pas longtems un caractere d'emprunt, & vous connoitrés le Vrai.
Sure, alors vous pourrés tout accorder au
fentiment. Mais fouvenés-vous, ma chere Enfant, qu'il faudroit vous borner au
plaifir délicat de l'Amour. Les autres en-
trainent à de fauffes démarches dont le
blâme refte à notre Sexe, tandis que les
hommes font loués de nous y avoir con-
duits. Leurs torts font toujours à leur
avantage, & tournent toujours contre
nous.

Je n'avois pas perdu un Syllabe de tout
cet entretien. Ma Mere s'affoupit en fi-
niffant, & feule en moi-méme j'employai
le refte de la nuit à former mon plan fur
le modèle qu'elle m'avoit tracé. Le jour
parut, & nous partimes pour Brieule.
Nous y trouvâmes très nombreufe compagnie, ainfi que nous l'avions prévûs.
Mademoifelle de Brieul, parée comme
une Victime attendoit l'inftant du Sacrifice. Nous nous embraffames, & je fus
fen-

senfible aux larmes que je lui vis verfer. Je ne fçavois pas encore qu'il convient d'en verfer à pareil jour. Peut être mau-roient telles moins touché. Nous nous écartames un peu. Son cœur cherchoit le mien pour s'y foulager, & elle y fit bientôt pafler toute fa douleur. Sa répu-gnance pour l'époux qu'on lui deftinoit m'étoit parfaittement connue ; mais j'a-vois ignoré une circonftance funefte à mon repos. Son inclination pour le Cheva-lier de Fetigny étoit la caufe de tous fes chagrins. Pouvois-je apprendre rien de plus cruel. La jaloufie marchoit d'un pas égal, & fon trifte flambeau venoit éclai-rer mon amour dans fa naiffance. Les craintes de Mad. de G. n'étoient donc que trop bien fondées. Déja il étoit vrai que je ne reçevois pas les premiers homa-ges d'un homme à qui j'allois donner les prémices de toutte ma tendreffe. Quel préjugé pour le furplus ! Je crus ouvrir les yeux, & réfolus d'étouffer ce germe qui m'avoit trompé. Je courrus faire part à ma belle maman de ma découver-te. Le refte du jour j'agis en conféquen-ce. J'affeſtay pour le Chevelier toutte cette politeffe froide qui carſterife la ré-ferve, & j'eus pour Midleton cet air affa-

E

ble

ble que je lui avois refufé la veille. Il
étoit gonflé; & fa mifantropie fe méta-
morphofant, nous lui vimes prendre cette grofle gayeté qui n'eft jamais foutenue
par l'imagination ni par l'efprit. Cette
efpece de ridicule le rendit paffablement
Comique & nous amufa. J'étois extrêmement fatisfaite. Mon projet avoit fon effet & le Chevalier fentoit toute ma conduite. Sa fureur fe peignoit jufque dans
fa contenance. Tout marquoit le dépit.
Ses gands, fon chapeau, il s'en prenoit à
tout fon ajuftement. Il fembloit l'accufer de l'avoir mal fervi. Ses réponfes é-
toient aigres, tous fes propos brufques.
Milord en avoit effuyé quelques uns de
ce genre fans les entendre; mais je les a-
vois faifi. Je m'applaudiffois de tout fon
embarras. Il verra bien, fans doute, me
difois-je, tout ce qu'il doit attendre; &
je puis m'affurer qu'il ne rifquera plus aucune tentative. Je fuis donc libre; me
voila dégagé. Son maintien m'affure qu'il
eft vivement piqué. J'en fentois un plaifir dont la caufe, helas! étoit précifement
ce que je voulois fuir je lai connu depuis:
Ah, Madame! Je me plaifois à tourmen-
ter mon amant. Cette forte d'épreuve
m'affuroit mieux fon cœur. Quand je cher-
                                        chois

chois à en rebuter l'homage, mes propres armes fervoient à me vaincre fans
m'en appercevoir alors. Je pouffai même les chofes au dernier point. Le diné avoit été fuivi d'un Bal. Le Chevalier
m'avoit propofé de danfer avec lui, &
trois à quatre fois différentes, j'avois pris
pour prétexte ma parole donnée à Midleton. Laffé de ce refus, il fut affés
poli pour ne plus revenir à la charge, &
reprenant tout fon fang-froid, il parut auffi
tranquille, que s'il n'avoit pas eû le plus
léger fujet démotion. J'avoue qu'il eut
grandement fa revanche. Il la prit d'une
façon piquante. Furieufe, à mon tour,
de le voir fi tôt confolé mes réfléctions
me cauferent une révolution violente dont
la fuite fut un très long évanouiffement.
Vous jugés de l'efpece de défordre qui
Troubla la fête. Dans ce mouvement,
chacun empreffé à me fecourir faifoit cer-
cle autour de moy. Quelques eaux fpi-
ritueufes, mais plus feurement la voix de
Fetigni fervit à me ranimer. Je revis le
jour, & je revis le Chevalier a la tête
de tous ceux qui m'environnoient. L'air
pâle, l'abattement, le vif intérêt s'exprimoient dans fes yeux d'une façon à ne pas
s'y méprendre. C'eft à Monfieur, dit-il

E 2

d'ud'une voix entre coupée en s'adreſſant a Mydleton , c'eſt à Monſieur & à ſon amour pour la danſe que Mademoiſelle eſt redevable de ſon Etat. Si le même goût lui continue , je le ſupplie de permettre que je la remplace , j'aurai peut-être plus de force , & j'en ſoutiendrai mieux la fatigue. En même tems il lui tendit la main & Midleton la lui ſerra d'une façon qui lui marquoit qu'il l'avoit compris. Je n'eus pas d'autre idée ſur ce propos que celle que l'on conçoit d'une mauvaiſe plaiſanterie , & je pris la parole pour aſſurer Fetigni que j'avois abſoluement ſuivi mon goût en me prêtant aux inſtances de Milord & que ſa complaiſance ne méritoit point du tout un pareil reproche. Ce propos tomba. Je ne me ſentois pas aſſés bien pour paſſer la nuit à Brieule. Trop de choſes m'y déplaiſoient , & il me tardoit infiniment de gagner Remivale. Je le dis à Mad. de G. Nous ordonnames qu'on mit les chevaux. Midleton , ſous le prétexte de la nuit & du trajet offrit de nous ſervir d'eſcorte. Ma Mère ſe préparoit à le remercier , lorſque je lui dis obligeament que je ſerois bien aiſe d'être raſſurée par un cavalier tel que lui. Fetigni , qui avoit entendu

le

le dialogue, approcha pour demander la
même grace. Il étoit impoſſible de la lui
refuſer. Notre voiture tenoit quatre ; con-
ſéquement point d'excuſe. Nous partimes après avoir pris congé de toutte l'aſſemblée dont la plus grande partie nous
promit une viſite le lendemain. Je n'eus
rien à dire pendant toutte la route nous
arrivames , & après avoir congédié nos
deux Cavaliers, je remontai dans l'appartement de M. de G. A peine avois-je commencé de m'entretenir avec elle ſur tout
ce qui m'occupoit, que nous fumes inter-
rompues par un bruit conſidérable, tout
le domeſtique avoit pris l'alerte, j'ouvris
précipitament une fenêtre, & je vis, à la
faveur de quelques flambeaux, deux ca-
davres que nos gens rapportoient au Château. Mon cœur m'éclaira aſſés pour reconnoitre le Chevalier : O Dieu m'écriais-
je ! & reſtant interdite & muette, je ne
pus achever de dire a Mad. de G. ce que
j'avois vû. Elle ſonna. Gertrude (c'étoit
ſa femme de Chambre) accourut toutte
tremblante & lui fit le récit de ce qui venoit de ſe paſſer. Une fille de baſſecour
avoit entendu, en rentrant par l'Avenue,
un cliquetis d'épée. Elle avoit appelé,
& quelques domeſtiques étoient acourus

au

au moment que Midleton & le Chevalier tomboient tous les deux baignés dans leur fang. On les rapportoit dans cet Etat. Nul figne de vie. Il n'étoit plus tems de me d'éguifer les vrais fentimens de mon cœur. Je connus à tout mon trouble combien je m'intéreffois pour Fetigni, à tous mes foins, à touttes mes inquiétudes réünies fur ce Cher objet. J'aurois tenté vainement, fans doute, de vaincre le penchant qui m'entrainoit en fa faveur. Ma Mère jugea de tout fon empire. Elle connoiffoit trop bien qu'il eft impoffible d'y réfifter, pour chercher davantage à le combattre. La pitié pour le Chevalier, fa tendreffe pour moi, tout l'invitoit à le fecourir.

Nous defcendimes dans la fale ou l'on les avoit depofés. Milord Midleton n'offroit aucun efpoir. Un coup trop bien fourni lui avoit percé le cœur, & fon fort étoit fans reffource; mais j'appris, avec Confolation, par les domeftiques, qui n'avoient pas quitté le Corps de Fetigni, qu'on avoit encore appercu en lui quelque mouvement. Dans l'intervale de touttes mes queftions, nous vimes arriver un Chirurgien au quel on avoit dépêché un exprès à Vienne. Il vifita le bleffé, & fon raport

port nous permit d'esperer. Une perte abondante de sang avoit occasionné sa foiblesse, & le Chevalier n'étoit que dans cet évanouissement l'éthargique si semblable a la mort. Un coup d'épée dont le fer avoit coulé entre les côtes sans attaquer les parties nobles ne le menaçoit d'aucune suitte dangereuse, & quelques eaux vives lui rendirent la connoissance. Il ouvrit enfin ses beaux yeux. Quel spectacle pour mon amant. Midleton étendu près de lui sans sentiment & sans vie! Juliette éplorée, & pénétrée de la plus vive douleur! Peut-être incertain en faveur de qui mes larmes paroissoient couler, peut-être maudissoit-il le secours qu'on lui osoit offrir. Tremblante de le voir retomber dans cet état dont il étoit a peine sorti, je m'en pressay de dissiper ses doutes : Ah Chevalier, lui dis-je en m'approchant, par quelle injustice cherchés-vous à déchirer mon cœur, vous faloit-il un moyen si cruel pour en arracher le secret. Nôtre première entrevue vous avoit presque avoué ma foiblesse. Accoutumé à ne point trouver d'obstacles, étoit-il donc au dessous de vous de chercher à triompher de ceux que je vous avois montré? L'exemple de Mademoiselle de Brieule, cent autres peut-

E 4

être

être vous ont offert une victoire facile. M'eftimiés vous donc affez peu pour vous la promettre fur moi avec tant d'aifance? Votre tendreffe croit éclater en altérant mon repos & ma tranquilité. Je devrois vous punir de me ménager fi peu; vous le mérités; mais je n'oferois. Ma vengeance me couteroit trop, vivés pour obtenir votre grace, elle eft a ce prix. Je fouhaitte que vous en foyés digne. Il voulut repliquer; je m'éloignai & ma Mère vint me joindre après avoir donné tous fes ordres pour que le malade ne manquat d'aucun des fecours néceffaires. Le jour commençoit à paroître. Trop agitée pour me livrer aux douceurs du fomeil, je repris le détail que l'avanture du Combat de Fetigni avoit interrompu. Madame de G. jugea avec moi que mes froideurs pour lui & ma prévention pour Midleton avoient, fans doute, occafioné le malheureux combat dont ils étoient les victimes l'un & l'autre. Je me rappelay ce propos de Fetigni & fon invitation-a-Midleton fous prétexte de la danfe. Quel reproche n'avois-je pas à me faire. J'étois la caufe innocente de leur querelle; & il me paroiffoit jufte de dédomager Fetigni du péril ou je l'avois expofé. La preuve
qu'il

qu'il venoit de me donner de fon amour n'étoit plus équivoque, à mon avis. La jaloufie, cette paffion inquiette, pouvoit feule l'avoir déterminé à un parti auffi violent. Ces fimtomes ne font pas fufpects, ils prouvent, felon moi la vivacité de la tendreffe de celui qui en fent les atteintes. Le fophifme ne m'a jamais ébloui. Uniquement livrée aux délicateffes de l'Amour. Je n'ai pas choifi pour m'inftruire fur la façon de les goûter.

Il me tardoit de voir Fetigni en Etat de m'acquitter. Nous entrames dans fa Chambre vers le midi. Il avoit repofé. La levée du premier appareil avoit montré fa playe dans cet état qui promet une guérifon prochaine. Elle ne dépendoit plus que d'une tranquilité de quelques jours, rien n'interdifoit au malade une diffipation douce. On ne nous deffendoit plus de refter dans fon appartement. J'ufai du privilége; je ne quittai pas le Chevet du lit de mon amant. Il avoit diffipé mes foupçons au fujet de Me de Brieule. Nos deux cœurs n'avoient plus de doutte. Le Chevalier fe portoit beaucoup mieux. Peu inquiet des fuittes que pourroit avoir fon affaire, il n'étoit occupé que du plaifir

E 5

de

de me répéter fa tendreſſe, & des moyens qui lui ſerviroient à m'en donner des preuves. Ma Mère avoit la prudence de ne lui pas dire la tournure fâcheuſe que les choſes ſembloient prendre. Je n'en ſçavois rien moy même. Mon trouble auroit pû me déceler, & lui faire paſſer mes inquiétudes qui, ſans doute auroient nui à ſa ſanté. Elle ſe rétablit enfin, & quelques jours après Mad. de G. crut devoir l'inſtruire de ce qui le concernoit pour le mettre à même de prendre touttes ſes meſures. Les Parens de Midleton pourſuivoient ſa mort avec chaleur. Fetigny avoit écrit aux ſiens; & quoique ceux ci travaillaſſent de leur côté, ils ne pouvoient balançer le crédit de ſes ennemis. Il falloit enfin, à en juger par leurs recherches, que l'on découvrit ſa retraite. Enfin menacé de toutte la ſévérité des loix qu'on reclamoit contre lui, il ne lui reſtoit que le parti de fuir, & d'éviter, en s'exilant de ſa patrie, l'Arrêt que la protection, & la brigue étoient au moment de prononcer.

Quel coup de foudre pour mon amant! Moins frappé du riſque qu'il courroit, que touché de la néceſſité de notre ſéparation,

il

il héfitoit à fe réfoudre : Mad. de G. m’avoit appris que notre fexe eft fufceptible de fermeté.   Je crus devoir m’aligner fur fon exemple; & j’eus celle de Confeiller à Fetigny de s’éloigner.   J’entre vis toutte l’impreffion que cet avis faifoit fur lui. Etoit ce donc la le prix de fa tendreffe; & n’avois je pas la force de le fuivre. Son état lui deffendant de s’unir à moi dans fa patrie, quand même il auroit pu y refter, ne lui avois-je pas promis d’attacher mon fort au fien, & je l’abandonnois dans la pofition la plus délicatte de fa vie? j’aurois donc eû à me reprocher de l’avoir perdu.   Pouvoit-il s’affurer de mes fermens fi je lui en refufois cette preuve?

Je cherchois fur le vifage de ma Mère l’aveu du projet que je formois intérieurement.   Je n’y vis rien de févére.   Son maintien fembloit m’annoncer fa réponfe; & je promis au Chevalier de le joindre avec elle fi tôt que nous aurions été à Paris terminer nos affaires.   Les héritiers de mon Pere s’étoient l’affés, & nous plaidions pour difcuter le Teftament qu’il avoit fait en ma faveur.   Il parut content, & fur ma parole il partit le même jour pour Geneve ou il avoit choifi fon féjour. Cette Ville, qu’aucun joug n’a encore affujeti,

fujeti, fembloit lui prefenter un azile libre ; & nous ne pouvions l'un & l'autre en choifir un plus favorable. Devois-je penfer qu'au delà de mon amant dont la prefence feule fuffifoit pour m'y appeler, il me feroit dans peu falutaire de pouvoir m'y confiner.

Je n'étois plus à Remivale depuis que Fetigni en étoit parti. Toutte ma tendreffe pour Mad. de G. ne faifoit qu'une foible diverfion. Quelle différence! J'aimois ma Mere. Ses bontés me la rendoient chere. Je lui devois, fans doute, ce tribut que la reconnoiffance, que le refpect, que le fang même, fi l'on veut, ne fçait pas refufer. J'aurois rachetté fes jours au prix le plus Cher ; j'aurois voulu les conferver aux dépens de la durée des miens ; mais dans le choix, fi cette même Mad. de G. eut été dans le cas de s'éloigner de moi ; s'il m'eut fallu opter d'être privée d'elle ou de mon amant, je l'avouray fans honte, je me ferois réfervé Fetigni.

Que ma rivale en opinion, que Therefe en un mot triomphe encore fi elle peut, qu'elle nomme cette détermination qui me portoit a préférer mon amant, *une volonté foumife au dégré de paffion qui*
m'a-

m'agitoit (*) ; quelle appèle à son secours cette comparaison puissante du choix que fait un gourmet entre une bouteille de Champagne ou pareil volume de Bourgogne, qu'elle assure, que l'envie qui le décideroit à boire de ce dernier vin au préjudice d'un premier motif qui l'auroit fait pancher pour l'autre, est précisement cette force inconnue qui contraint la liberté puisqu'un degré d'envie de plus l'entraine aussi invinciblement qu'un poids de quatre livres en entraine un de trois ; je lui permets encore, en suivant l'allusion, d'avancer que l'arrangement des organes que leurs dispositions, en excitant en moi cette passion pour Fetigni, lui donnoient ce degré de force qui contraignoit ma raison à n'avoir que lui pour objet, qu'elle en concluë que je n'étois pas libre d'y resister. Pur jeu de mots, lui dirais-je, avec bien plus d'avantage qu'elle ne doit s'en promettre de cette reponse vague ; pur jeu de mots, puisqu'il est constant que c'est cette même liberté dont elle me refuse l'avantage qui me permettoit de me livrer à cette envie plutot qu'a l'autre, d'autant que le Méchanisme de l'ame ne

souf-

(*) Therese page 19.

souffre point l'empire d'un mouvement plus ou moins actif dont le principe git essentielement dans notre volonté qu'il fait naitre. Je ne m'en deffens pas, ma Mere à Geneve ; Fetigny à Remivale, j'y ferois restée avec lui, je ne l'aurois quitté que pour quelques instants ; Mon cœur le suivoit toujours. Qu'on blâme, si l'on veut, cette façon de penser trop bien justifiée par l'exemple de chaque jour, elle est juste & naturele. L'attachement qu'on doit à ses parens est un de ces liens de justice qui ne meut en nous que la gratitude, prix des bien faits. Nous les aimerions encore, dussent-ils nous hair. Le reciproque n'est donc pas ce qui décide sur cet objet. Au surplus, si nous vivions sans Parens, nous ferions sans amour pour eux ; notre cœur feroit sans besoin, & nous également tranquilles ; mais ce sentiment unique, que la simpatie excite, que la conformité établit, que la represaille Echauffe, que la presence de l'objet soutient, ce sentiment, fils de l'atrait reciproque qui nous entraine, devient nécessaire à l'ame dés l'instant qu'une fois elle l'a éprouvé ; elle s'en nourrit, & sans lui ses facultés périssent. L'objet paroit-il ? l'ame n'est plus qu'une bougie qui se ranime au mo-

ment

ment de s'éteindre il est inepte & ridicule de lui refuser ce qui lui est si nécessaire. J'outre l'allusion, & je pousse trop loin les conséquences. J'en conviens. Je suis presque seur que ma Morale passera pour fausse, & peut-être pour criminele; Mais qui m'osera condamner? Encore une comparaison. C'est l'Argument à la mode. Je reponds par celle que me fournit Mr. Poppe lorsqu'il parle de l'empire de la gourmandise. *Le grave Caffius, dit-il, parle toujours de Vertu; mais ses beaux sentimens durent jusqu'à l'heure du diner.* **A** l'application. Tel blâme mes principes, qui les adoptera à la premiere épreuve du vrai qu'ils renferment.

J'attendois impatiement la fin du procés qui nous retenoit en France. Quelle qu'en dut être l'issue, il me sembloit que je gagnerois affés en voyant terminer le seul obstacle qui m'enpêchoit de rejoindre le Chevalier. Je sollicitois journellement ma Mere à partir pour Paris. J'esperois qu'étant sur les lieux, elle en hâteroit la décision. Mile prétextes qu'elle sçavoit trouver nous faisoient des raisons d'attendre. Elle pensoit peut-être que ces retards gagneroient un tems affés long pour atténuer la passion funeste dont elle prevoyoit

voyoit les conséquences. Enfin elle fut déterminée à partir par une lettre de son Procureur. Il lui mandoit qu'il avoit porté les chofes au terme d'un accommodement, qu'il y voyoit jour d'une façon avantageufe, fi elle fe tranfportoit elle-même à Paris, avec la minute du titre que nous avions en main. Il n'y avoit plus moyen de reculer. Je beniffois ce charmant avis qui combloit mon defir & nous partimes. Madame de G. qui, malgré la parole de fon correfpondant, ne comptoit rien moins que fur la reuffite, eut la précaution de fe munir de touttes fes pierreries, & de tout l'argent comptant qu'elle avoit chez elle. Elle en groffit même encore la fomme par la vente de quelque Vaifelle d'argent & de plufieurs beaux meubles quelle regardoit comme autant de fauvé du pillage. Effectivement a peine étions nous en chemin, que nous apprimes que Mr. de Mirande avoit pris poffeffion du Château avec ferme refolution de n'en point fortir. Le Procureur de ma Mere vendu a l'iniquité avoit lui même tendu le piége. Sa lettre étoit une feinte pour nous tirer de Remivale & faciliter à nos adverfaires les moyens de s'en emparer.

Ce Mr. de Mirande avoit épousé la sœur de mon Pere quelque tems avant sa mort. Tant qu'il ne s'étoit pas vû d'enfant, opulent par lui même il avoit respecté les volontés du deffunt, & nous devions à cette raison le repos de quatre années ; mais enfin le Ciel immédiatement, ou quelque cause moyenne lui ayant procuré lignée, il s'étoit pressé de l'enrichir en nous frustrant d'un bien justement acquis, suivant l'équité naturelle, mais dont le droit étoit plus que douteux selon les dispositions des loix humaines, que l'on dit être si nécessaires, & qui font du moins si absoluës. Par quelle fatalité les hommes se font-ils donc assujetis à des régles dictées par l'intérêt politique, & que la puissance qu'ils ont eux mêmes accordée au Legislateur a seule pu maintenir ! quel fanatisme, quel échange ! Ce privilége de liberté, qui distingue l'homme & qui le met au dessus de tous les Etres créés, le flatte moins qu'un esclavage honteux.

(*) *Lui seul vivant dit-on dans l'enceinte des villes*
Fait voir d'honétes mœurs, des coutumes civiles,

Se

(*) *Boileau* Sat. 8.

F

Se fait des gouverneurs, des magistrats, des Rois,
Observe une police, obéit à des loix.
Il est vrai, mais pour tant, sans loix & sans police,
Sans craindre Archers, Prévot, ni suppôt de Justice,
Voit-on les loups Brigands, comme nous inhumains,
Pour détrousser les loups courrir les grands chemins?
Jamais, pour s'aggrandir, vit-on dans sa manie,
Un tigre en factions partager l'Hircanie?
L'ours a t'il dans les bois la guerre avec les ours?
Le Vautour dans les airs fond-il sur les vautours?
A t'on vû quelques fois dans les plaines d'Affrique,
Dechirant a l'envie leur propre Republique,
Lions, contre Lions, Parens contre Parens,
Combattre follement pour le choix des Tirans?
L'animal le plus fier qu'enfante la Nature
Dans un autre animal respecte sa figure.
De sa rage avec lui modére les accés,
Vit sans bruit, sans débat, sans noise, sans procés.
Une aigle, sur un champ prétendant droit d'aubeine,
Ne fait pas appeler un Aigle à la huitaine.
Jamais contre un renard chicanant un poulet,
Un Renard de son sac n'allat charger Rollet.
Jamais la Biche en Rut n'a, pour fait d'impuissance,
Trainé du fond des bois un Cerf à l'audiance,
Et jamais juge, entr'eux ordonnant le Congrés,
De ce brulesque mot n'a sali ses Arrêts,
On ne connoit chez eux ni Placets, ni Requêtes,
Ni haut ni bas Conseil, ni Chambre des Enquêtes.
Chacun, l'un avec l'autre en toute seureté,
Vit sous les simples loix de la pure équité.

Pour-

Pourquoi donc les hommes veulent-ils s'y souftraire, pour faire valoir la nécessité de ces freins inventés pour les retenir? Oferont-ils avançer que les animaux, à qui les mêmes remedes font inutiles, n'ont pas, comme eux, la connoiffance d'un bien & d'un mal? Mais fi on leur refufe ce fentiment intérieur. Tout le regne Animal en fera généralement dépourvû; & par une fuite raifonnée, l'homme qui en fait partie, tombera dans le même cas? Tel eft néanmoins le Torrent. Ce flux impétueux eft un cours qu'il nous faut tous fuivre; voilà, je crois, la meilleure raifon.

Nous arrivames à Paris avec ces réflexions. Ma Mere y avoit nombre de connoiffance; mais loin de vouloir y renouer des liaifons, elle évita d'y voir perfonne. Nous defcendimes à l'hôtel de la Providence. L'Enfeigne de ce logis étoit allégorique a notre fituation. Tous les biens de ma Mere vendus comme je l'ai dit dans le pays Meffin, fi Remivale auffi nous étoit enlevé, nous étions véritablement logées à la Providence. C'eft la plus feure reffource; & je m'y fuis fouvent vouée, non que j'entende par ce mot cette confiance pareffeufe qui s'endort entre les bras de l'Etre Suprême qu'elle croit fait pour fournir à fes befoins, & qu'elle veut abaiffer au détail d'y pourvoir fans qu'elle s'en intrigue; mais cette tranquilité laborieufe qui cherche à lui procurer ce qui lui eft effentiel, & qui eft toujours feure de le trouver dans cette foule de threfors que l'Univers raffemble, & que le Maitre de tout a également créé pour tous. C'eft dans cette infinité de biens aux quels l'homme a droit par la raifon feule de fon exiftance, c'eft là qu'il doit s'affurer de ne manquer jamais lorfqu'il fait agir les vrais refforts qui peuvent lui procurer la jouiffance de fon patrimoine. Cette perfpective, dont je ne charge pas la peinture, l'encourage & le foutient. L'inftrument de fon bonheur eft entre fes mains; tels ou tels événemens font étrangers à fa fatisfaction. Il lit dans l'Augufte Livre des Merveilles de la Nature; il s'y voit le Maitre, & point du tout l'Efclave des vains fantômes ni des préjugés chimeriques, enfans de l'éducation, & de l'erreur. Tel eft l'axe fur lequel a roulé toute ma vie. Sujette à des viciffitudes, & peut-être à des maux, l'Ame n'a pas fouffert. J'ai puifé mes confolations au dedans de moi même. La Nature y avoit

gravé

gravé fes Oracles. Soumife & fidèle à fa
voix j'ai fuivi fes mouvemens, une fi grande Maitreffe a-t'elle pu me tromper? vous
en allés juger.

Le premier foin de ma Mère en arrivant a Paris fut d'aller chés cet homme
dont la friponerie nous interdifoit de retourner a Remivale. Il fe fit celer, &
nous attendimes plus d'une heure & demie dans fon antichambre que je nomme-
rai plus convenablement l'Etude de fes
clercs. Je n'etois pas du tout preparée
à tout ce que j'y vis, & je ne fus pas mé-
diocrement furprife. Une quinzaime de
Scribes rangés par ordre au tour de plufieurs bureaux, les murs tapiffés d'un tas
de paperaffes, un volume d'écriture re-
pandu fans fuitte, cet appareil m'etonna.
Je n'étois jamais fortie de la Campagne,
& n'avois aucune idée de toutes ces chofes. Ma Mère m'en donna l'intelligence.
Quoi donc, lui dis-je le droit le plus clair
a donc befoin de tous ces comentaires &
doit être enterré fous cette foule d'inutili-
tés qui le dérobent à l'oeïl le plus perçant,
C'eft auffi le projet, me répondit elle; &
l'œconomie de ceux qui font chargés de
rendre la juftice, & à faire l'application
des Loix, eft intereffée à n'en laiffer pa-

F 3

roître que ce qui peut contribuer à leur procurer un falaire plus abondant. Il faut affecter le travail & les difficultés pour gagner feurement la récompenfe düe à la la peine & à la fatigue. Plus ce travail dure, plus l'ouvrier fe paye ; & c'eft en prolongeant le tems de la definition par tout ce que la Chicanne peut fournir de rufes & de fubtilité que celui chés qui nous fommes, mil autres de fon efpèce dans des genres differens, mais qui tous reviennent au même, que le Magiftrat, que le Juge enfin fe font afluré d'amples revenus. Cette chicanne n'eft pas dans le véritable fens, dans le jufte efprit de la Loi ; elle eft pofitive, mais le legiflateur qui condanne hautement tous ces abus dont il reconnoit néanmoins la néceffité a fagement favorifé ces criminels ufages par les termes ambigus, & variés dans les quels ces mêmes Loix font conçuës.

Ici Regne la fourbe, & l'affreux intereft....
Le monde eft perverti, laiffons le comme il eft.

Qu'il vous fuffife, ma fille, de penfer en fecret fur le titre que mérite une pareille conduite. Le mal feroit de dire ouvertement vôtre avis, & vous expoferoit au reffentiment de tous ceux qu'il pourroit of-

offenfer. Ce n'eft que dans ces Villes heureufes dont les habitans font leurs propres Maitres que l'on ofe fe permettre la franchife; Celles qui vous attendent, celles de la Hollande, Venife, tous ces differens Etats ou la fageffe du Gouvernement dépend d'une heureufe *Anarchie*, fleuriront toûjours, la Liberté, germe dans le centre de leurs Provinces, Elles y gagnent de mile façons; Touttes les parties du monde leur fourniffent des fujets qui viennent en foule, en fe refugiant dans leur fein, temoigner l'estime qu'ils font de leur façon de penfer, & la crainte que leur infpire cette Verge de fer que le Miniftre ambitieux & defpotique fubftitue prefque toûjours au fceptre du Monarque naturellement bon & jufte: fi vous trouvés des Princes dans ces contrées, applaudiffés vous, ma fille d'y rencontrer les Pères du Peuple dont vous ferès partie.

Cette converfation, dont je ne rens que le précis, fit couler fans ennui le tems qu'il plût au patron de nous recevoir. Nous fumes introduites. Ma Mère ne lui mafqua pas ce qu'elle penfoit de fa fourbe. Il s'en deffendit fi mal, que nous fumes confirmées dans nos idées; il s'y étoit lui même mépris difoit-il. Il avoit crû qu'ef-

fec-

fectivement on pourroit trouver quelque.
Compofition ; mais n'ayant rien voulu
prendre fur lui, ma Mère étoit venue trop
tard, & l'on avoit échappé le moment.
Il n'étoit plus tems fans doute, puis qu'il
lui remit en main ce fameux Arrêt obtenu
le même jour contre moi. Reduite à l'il-
légitimité de ma naiffance qui annulloit la
donation, je me vis d'épouillée de mon
patrimoine, & de mon nom : Ce dernier
trait, pour tout autre que moi auroit com-
blé les disgraces du fort, mais le deftin n'é-
toit pas Maitre de m'enlever mon cœur.
Ce cœur me difoit que le Marquis d'Artinville m'avoit donné le jour ; il me fuffifoit de cette connoiffance fans l'aveu du
Public ; j'avois au-moins cet avantage fur
tant de Créatures d'être affurée de mon
Père ; Combien de gens voudroient-être
batards, & connoitre qui les a fait tels ?

Madame de G. reçut ainfi que moi fans
émotion la nouvelle de la perte de nôtre
affaire, les chofes attendues font peu fra-
pantes. Il ne lui échappa pas la plus le-
gère plainte fur cet article, mais elle n'e-
pargna pas a Mr. Robinel, (c'étoit le nom
de nôtre intriguant) les reproches que
méritoient fes indignes procédés, nous ré-
tournames à l'Auberge. Quel bonheur,

dis

dis je à ma Mére, avec ce ton que donne la joye, rien ne nous arrêté plus ici, toutte à vous, *toute* entiere à Fetigni, cette barrière qui nous féparoit eft rompue, venés ma chère Mère, venés jouir dans les bras devos Enfans du repos que nôtre patrie nous refufe.. Elle étoit refolue à prendre le lendemain avec moi la route de Genève; mais elle confervoit un fond de tristeffe que je ne lui avois jamais trouvé, & dont elle même ne pouvoit pas fe rendre raifon. Helas! je n'en ai que trop connu la caufe. Il faut en convenir, cet évènement que je ne puis encore rapeller fans douleur a penfé déconcerter ma Philofophie; mais les principes réprennent toûjours le deffus, leur empire ne peut être détruit quand ils font fondés fur le vrai. Ils m'avoient appris que l'homme, incapable d'arrêter le cours fixé par le Deftin, doit y être préparé de façon à n'en pas être ébranlé. Inftruite du peu de fond, du peu de Stabilité des chofes qui exiftent, fes plaintes font des fons, fes régrèts frivolités, la raifon feule mérite fa Confian- & lui fournit toûjours des confolations.

Depuis nôtre arrivée à Paris, nous n'avions pas encore oui parler de l'affaire de Fetigni. Nous ignorions au jufte quel en

étoit

étoit l'etat. Ma Mère n'avoit pas voulu s'en informer ; les queftions fur cette matière étoient trop délicates, & il étoit dangereux de paroitre s'y intéreffer avec un certain foin. Je fouhaittois cependant avec ardeur d'en être inftruite. Que j'aurois été flattée de pouvoir réporter à mon amant la nouvelle de fa grace ! j'ambitionnois d'être la premiere à la lui annoncer. Mon defir me faifoit régarder la chofe comme poffible, je fus bientoft d'étrompée. Gertrude nous dit, en rentrant, qu'un Monfieur s'étoit prefenté pour parler à ma Mère. Nous n'attendions aucune vifite, & ne fçavions que penfer de celle ci. La même perfonne vint un inftant après éclaircir nos doutes. Nous entendimes arrêter un Caroffe, & nous vimes entrer un homme qui fe fit annoncer de la part du Roi ; Qu'on juge de la furprife ou nous jetta pareil meffage. L'ordre portoit expreffément que, fans réfiftance nous euffions à fuivre ce facheux guide. Il n'y avoit pas à répliquer, & ma Mère ne demanda que le loifir de prendre dans fon fécrétaire, quelques papiers dont elle avoit un foin extrême. Elle en-tira auffi un coffret de pierreries qu'elle me gliffa adroitement dans la main

lorf-

lorfque nous fortimes. Nous ne devinions pas à quoi pourroit aboutir cette cérémonie. Notre homme impénétrable fut fourd à touttes nos queftions, & nous n'en tirames aucun éclairciffement. Dans un autre pays la frayeur de l'Inquifition m'auroit perfuadée que nous étions entre les mains d'un fupôt de la fainte Hermandade. Enfin après bien des détours le Caroffe arrêta. Madame de G. pâlit en reconnoiffant la maifon devant la quelle on nous avoit conduites. Elle alloit en demander la raifon, lorfqu'on me força de defcendre. Je ne doutois pas que ma Mère ne dut me fuivre, mais je vis refermer la portière. Je voulois recourir á cette chère Compagne dont on me feparoit fi cruellement. La precipitation avec la quelle le cocher hâta fon depart me ravit cette confolation. Je la fuivis de l'oeïl. Un gefte mutuel exprima nos plaintes, ce leger foulagement fut court, un détour de ruë me fit échapper la voiture & j'en perdis de vuë touttes les traces.

L'Exempt, (car notre conducteur en étoit un) en mettant pied a terre avec moi avoit marmotté quelques mots a l'oreïlle de deux vielles efclaves aux foins des qu'elles il m'avoit confié. Chargées l'u-

ne

ne & l'autre de ma garde elles réfistérent
a tous les efforts que je fis pour m'échapper ; plufieurs Clefs dont le bruit prepara
longtems l'ouverture d'un paffage étroit ;
fembloit m'offrir l'idée d'une affreufe prifon.   Je ne m'étois pas m'éprife ; on m'entraina dans le cachot ou cette iffuë conduifoit, & la porte fe réferma fur moi a-
vec beaucoup de précautions.

     Si ma fituation n'avoit pas alteré cette
tranquilité d'Efprit qui feule peut être fus
ceptible d'un fentiment guai, j'aurois ri
de bon cœur à l'afpeƈt du nouveau peuple
avec qui j'etois deftinée de vivre, fon bifarre ajuftement étoit un fpeƈtacle tout
nouveau pour moi, & je me promettois
de l'étude de leurs mœurs, & de leurs maximes un immenfe fujet d'amufement ;
Malgré mes chagrins, cette idée me plut.
Les converfations de ma Mère & la leƈtu-
re de quelques livres m'avoient appris ce
que c'étoit qu'un couvent, & je ne doutois
pas que la maifon ou je me voyois ne fût
un afile de cette efpèce.   La curieufe ftu-
pidité de celles qui me réçurent leur fit
employer un tems à me parcourir, & leur
vuë fe fixant fur d'affés belles boucles d'o-
reïl que le hazard m'avoit fait mettre ce
jour là, leur charité les porta en m'en de-

poüil-

poüiller. Peut-être le prix de ces diamants devoit-il payer ma penfion, du moins je le crus. Je m'applaudis intérieurement d'avoir ferré le furplus dans ce petit coffre que ma Mère m'avoit rémis, & je me promis de le cacher de façon a lui éviter les mêmes rifques. C'étoit à l'avenir tout mon bien, & je fentois combien il me feroit utile de Conferver ce petit tréfor.

Mes furveillantes me conduifirent à leur fupérieure, la Révérende Mère St. Sophie me reçut avec touttes les politeffes que j'aurois pu attendre d'unne femme du monde. Elle me promit touttes les attentions propres à adoucir mon éxil. Je crus voir fur fon front cet air de franchife qu'il eft fi difficile de feindre. Il m'infpira la confiance. Pouvois je fçavoir que les ames faintes font faites pour ne porter jamais que le mafque de la vertu? Je lui répondis avec ces expreffions que diĉte la fenfibilité je lui fis obferver feulement qu'il étoit impoffible, malgré fes bontés, que je demeuraffe, fans linge, fans nippes, fans aucunnes des chofes néceffaires a la vie. Mon inquiétude la fit fourire; & me prenant par la main, elle me mena dans la chambre qu'on m'avoit deftiné. Quelle

fur-

furprife de trouver dans un lieu confacré à la
pénitence , un petit appartement ou la
pieufe Volupté avoit fait l'apprêt de mille
commodités , l'étalage fomptueux d'une
Toilette garnie jufqu'au fuperflus d'allieurs
tout l'affortiment mondain dont notre Sexe a coûtume de fe parer.　Deux filles
foumifes à mes ordres fe lévèrent des que
je parus.　Quel moyen avoit-on pris pour
me procurer ces fecours? dequelle main
pouvoient-ils partir? je la nommois bien
faifante; mon innocence ne m'avoit pas
appris qu'un autre motif que la fimple générofité pût être auteur de ces dons je demandai à ma protectrice l'explication de
ce miftère; & pour toutte réponfe elle me
fit paffer dans un petit cabinet ou je vis,
aulieu du meuble fenfuel qui m'avoit flattée dans le début, le dure chevet de la
maceration; ou l'on avoit fubftitué à cette ingénieufe Toilette le fimple appui d'un
prie-Dieu fur le quel répofoit le miroir de
la penitence; une Guimbe, un beguin
Monachal.　Une longue fouquenille d'une
étoffe rembrunie remplaçoit les ajufte-
mens, fruits de la mode, & objets de notre étude. Attentive à confidérer ces chofes je ne m'apperçus pas que la Mère St.
Sophie avoit difparu.　Je la Cherchois,

&

& je me trouvai seule livrée aux réflec-
tions qui se présentoient en foule à mon
Esprit etonné. Vous Croyez bien, Madame, que je revins à cette première
Chambre. Je m'assis en entrant sur une
bergère: quoi donc, me disois-je, tout
ce qui m'environne est une énigme! Que
veut dire cette espèce de choix auquel on
semble m'inviter? me croit-on assés duppe pour hésiter un instant? je crus que
ces deux filles soumises à mon service n'o-
seroient réfuser de m'instruire: mais aussi
muettes que celle dont elles dépendoient
hors d'état peut-être elles mêmes de me
répondre, elles me laisserent mon incertitude & mes perplexités.

J'y rêvois l'orsqu'on vint m'avertir qu'u-
ne personne me demandoit au Parloir;
j'y descendis. C'étoit Gertrude qui venoit
m'éclairer d'une funeste lumière. Cette
pauvre fille avoit suivi de loin le Carosse
dans le quel on nous avoit forcé de monter. Elle m'en avoit vue descendre devant cette maison qu'elle connoissoit bien,
& seure de rétrouver l'endroit après qu'on
m'y eut déposée, elle avoit encore suivi
la même voiture pour s'instruire du chemin que l'on auroit fait prendre a Madame de G. & m'en venir rendre compte:

Ma

Ma Mère avoit été conduite hors des portes de Paris. Au fur plus elle ignoroit
quelle pouvoit être fa route. Inquiette
fur le fort de fes deux Maitreffes, elle ré-
venoit fur fes pas pour m'en apprendre
la nouvelle, & je l'aurois vu bien plus
toft fi elle n'eut été arrétée dans fon chemin par un fien neveu. Gertrude étoit
de Paris ; elle y avoit toutte fa famille,
entre autres ce neveu, nommé lefcaille,
qui depuis fix années fervoit en qualité de
Valet de chambre chés Monfieur de Mirande. Elle avoit rencontré ce garçon
qui charmé de la revoir dans un pays ou
il ne contoit pas la trouver, s'étoit fait un
plaifir de caufer quelques momens avec
elle. Elle l'avoit élévé, & la reconnoiffance qui ne perd jamais fes droits, lui
infpiroit pour cette tante une confiance
fans réferve. Gertrude le Cœur plein du
tort que Mr. de Mirande nous faifoit, par
la révendication des héritages de mon
Père, fe répendit en réproches amers
fur le conte de fon Maitre ; & ce garçon,
loin d'en prendre le parti ; indigné lui même des m'échancetés de cet homme dont
l'affection, & le fervice le fatiguoient lui
d'éveloppa toutte l'odieufe trame des malheurs que nous éprouvions ma mère &
moi.

moi. Mr. de Mirande joignoit à l'avidité la plus extrême, dont nous avions fait l'épreuve, l'ame la plus noire qu'on puisse définir. Capable de tout ce qui pouvoit le conduire à son but, toutes les voyes lui sembloient permises, & pour satisfaire sa passion dominante; chaque jour, son Esprit à la gêne m'éditoit le crime propre à faire réussir ses desseins. Peu content de l'Arrêt qui nous ruinoit pour l'enrichir, il craignoit encore que la vie de ma Mère ne troublast sa possession, & pour s'assurer d'y être tranquile, il avoit résolu de la mettre au point de ne lui pouvoir nuire. Le Public l'avoit instruit suffisament de l'affaire de Midleton & de Fetigny. Il avoit sçû que ce combat s'étoit passé dans le Château de Remivale, le Corps de Midleton avoit disparu. Ma Mère avoit donné azile au Chevalier; c'étoit, selon lui de quoi la Compliquer criminellement dans une procedure que la famille de Mylord faisoit instruire avec grand appareil. Si quelque d'écouverte pouvoit le mettre à même de servir la vengeance des parties complaignantes, c'étoit en méme tems faire reüssir ses vuës, puisqu'il ne pouvoit manquer alors d'attirer à Madame de G. au moins une lettre de cachet qui affureroit fa tranquilité.   A peine avoit-il été a Remivale que de foigneufes recherches lui avoient fait découvrir l'endroit de la fépulture de Midleton, & il avoit raffemblé des difcours de tous les domeftiques du Château la certitude du fait qu'il lui étoit fi important de connoitre.

Nôtre étoile avoit permis que Robinel, ce miferable qui nous avoit vendu, fut en même tems le Procureur de la partie adverfe de Fetigni.   Mr. de Mirande, qui avoit déja éprouvé fa vocation à le fervir, ne douta pas qu'il voulut bien encore fe prêter à lui dans cette circonftance ou le prétexte de l'interêt de fa partie fembloit l'autorifer d'agir.   Il lui en écrivit, & Robinel faifit cette occafion avec l'empreffement que donne un motif particulier.   Il paroitra fabuleux que ces deux hommes ayent eu l'un & l'autre interêt à nous porter de fi rudes coups; Mais qu'on fe fouvienne que ma Mère avoit traitté Robinel avec cette dureté qu'infpire une mauvaife action.   On connoit affés les gens de fon efpèce pour n'être pas furpris du levain qu'il en confervoit.   La Vengeance tôt on tard les d'édomage, j'ajouterai que ce miferable avoit ofé former des projets
jets

jets fur moi & que ma figure ayant euë
le malheur de lui plaire, il s'étoit promis
de me faire fervir à fes plaifirs : or certainement rien de plus propre à me livrer
entre fes mains que de m'arracher des bras
de ma Mère. Il ne lui falloit plus qu'un
endroit propre à renfermer fon dépôt lorfqu'il en feroit le Maitre ; il crut que Mr.
de Mirande voudroit, par repréfaille, le
fervir dans cette affaire. Il fçavoit qu'il
avoit une fœur Supérieure d'une maifon
réligieufe au fauxbourg St. Germain. Cette Dame tenoit tout de Mirande. Une
penfion qu'il lui payoit & qui la mettoit à
l'aife lui répondit de fa fidèlité, & il ne
doutoit pas qu'elle ne confentit aifément
à me recévoir chés elle dans la crainte de
la perdre fi fon frère lui en faifoit une loi.
Robinel écrivit à Mr. de Mirande fes propofitions. Ce dernier s'y prêta, & touttes les mefures prifes entre eux, le réfultat du Complot fut cet ordre qui, en exilant Madame de G. me confinoit dans un
cloitre. Tel fut le reçit de Gertrude, &
le détail des circonftances dont fon neveu
l'avoit informé. L'efpoir d'une récompenfe lui avoit fait promettre par ce Garçon que nous ferions inftruites exactement

G 2

des

des moindres chofes qui pourroient nous
interefler.   Elle finit en me priant de permettre qu'elle attachât fon fort au mien ;
& puifqu'elle étoit privée de fa chère Maitreffe, elle me fupplioit de la remplaçer
en agréant fes fervices, & fon zèle.

Il eft inutile, Madame, que je vous
peigne ici toutte ma douleur.   Il étoit
donc vrai que ma Mère m'étoit enlévée
pour jamais ; quel fuplice pour ma tendreffe ! Il étoit donc vrai que j'allois vivre
au pouvoir d'un homme dont les fentimens
m'infpiroient de l'horreur ! Il étoit conftant que fans fes fecours je ne pouvois
fubfifter, & il étoit affreux pour moi de
penfer que j'étois réduite à achetter fes
bien faits au prix de mon propre bonheur.
Je ne te verrai donc plus cher Amant.   Il
ne me refte que le régret de n'avoir pu te
donner les dernières preuves de ma ten-
treffe.   Un autre va réceüillir par la violence cette délicieufe couronne que je des-
tinois à ton amour.   La trifte méditation
de mon malheur m'avoit fait oublier la
priere de Gertrude.   Elle réïtera fes inftances.   Son affection pour moi me la
rendoit chère, & je réfolus de tout tenter
pour lui obtenir ce qu'elle demandoit.   Je
lui

lui dis de m'attendre un inftant, & ré-
montant à mon appartement, j'y pris
un rubis que je portois ordinairement au
doit. Munie de ce paffeport, je courrus
à la Chambre de St. Sophie : je viens vous
demander une grace, lui dis-je, Madame.
Trouvés bon que cette femme de Chambre, à qui je dois l'éducation de mes premières années, vienne me joindre dans
votre maifon. Après avoir perdu ma Mère, le feul bien qui me refte eft l'amitié
de cette fille ; & comme il n'eft pas jufte
qu'elle y foit nourrie gratuitement, per-
mettés que ce bijou équivale à la depenfe
qu'elle pourra faire. Il ne doit pas être
plus difficile de la récévoir fur ce pied que
de m'avoir accepté aux depends de deux
boucles d'oreille de diamant, qui ont été
le tarif du droit de mon entrée. St. Sophie parut interdite de mon propos. Soit
qu'elle ignorât que l'on m'eut fait cette efpèce d'infulte, foit qu'elle eût honte de
mon reproche, vous prenés le change,
me dit-elle, ma chère enfant ; & ces bagatelles que l'on vous à prifes étoient d'une
valeur trop médiocre pour vous en parer ;
cet écrain, que je fuis chargée de vous remettre prouvera que l'on avoit envie d'y en
fubftituer feulement de plus beaux & de plus

con-

convenables pour vous. Aurefte le plaifir que vous paroiffés vous promettre avec
cette fille que vous demandés pour compagne me paye fuffifament en vous l'ac-
cordant. Souvenés vous, une fois pour
toujours, que je fçaurai vous refufcr quand
vous demanderés en fupliante, & que je
ne veux connoitre de votre part que le
ton d'une volonté abfolue.

Si je n'avois pas fçû à qui devoir attribuer un difcours de cette efpèce, n'étoit
il pas bien fatisfaifant ; mais je fçavois
trop bien d'où il partoit pour prendre le
Change fur fa valeur. Cette condefcen-
dance avec la quelle on confentoit à ma
prière ne fortoit pas du défir de m'obliger
mais fans doute la fupérieure, initiée au
confeil fecrèt avoit fes ordres, & il étoit
important que cette même fille fut renfermée avec moi afin d'éviter que par fon
Canal je puffe être inftruite de ce qui fe
paffoit au dehors. Mon remerciment a
la Mère Sophie fut conféquent à cette ré-
flexion. Je vous fuis obligée, lui dis je,
Madame, de l'étendue de vos offres ;
vous ne rifqués rien à les pouffer au plus
loin ; je ne compte ni en méfufer, ni
m'en fervir ; & je ne les accepte qu'a lé-
gard de Gertrude à qui vous allés fans doute

te faire ouvrir les portes de votre maison. Pour ce qui est de cet écrain, que vous n'avés pas honte de me remettre, je l'accepté, il est juste que je punisse celui qui à la hardiesse de me le présenter par vos mains, jugés à présent si je suis éclaircie, & de quel œil je régarde, vos menaces, & vos caresses. Je la quittai brusquement; & en rentrant dans ma chambre j'y trouvai déja Gertrude. Mon cœur rempli des sujets de sa peine s'adoucit par la satisfaction d'en parler avec une personne qui sembloit si intéresser. Son neveu s'étoit engagé à la venir voir dans sa rétraite volontaire; & je me flattay que par son moyen, non seulement je pourrois être instruite plus à fond du fort de Madame de G. mais même qu'il me serviroit à faire parvenir une de mes lettres au Chevalier. Que pouvoit il penser de mon rétard, & de mon silence! j'écrivis a mon amant; Cette douce occupation remplit le cours de ma journée, je fermay ma lettre & la rémis a Gertrude, en lui recommandant les précautions les plus exactes.

Je n'étois point gênée sur l'observance d'aucun des devoirs aux quels une vie régulière astreint la scrupuleuse ignorance,

j'é-

j'étois fervie dans ma chambre; & l'heure
des répas de la Communauté ne régloit
pas les miens.   Je vivois totalement in-
dépendante d'ufage ni de methode.   Plufieurs jours s'étoient écoulés fans aucun
nouvel incident.   Le neveu de Gertrude
vint enfin la voir.   Ciel qu'alois je apprendre! Cette pauvre fille, fondant en larmes, eut à peine la force de me le dire:
Madame de G. étoit morte fubitement à
deux journées de Paris.   Pouvois je me
méprendre à la main qui l'affaffinoit? Mes
perfecuteurs n'avoient-ils pas été fes bou-
reaux? quelle cataftrophe, infortunée julie! fans aveu, fans parens, fans amis,
fans liberté, l'idée feule de Fetigni pouvoit
encore m'attacher à la vie.   Elle me fou-
tint.   Après tout quel remède dependoit
il de moi d'apporter a mes maux.

> *La pauvreté que l'on detefte,*
> *La Mort, la vie & tout le refte,*
> *N'eft rien qu'un mal d'opinion,*
> *C'eft donc elle, c'eft la prévention.*

C'eft le défefpoir qui les aigrit, puis que
nous ne pouvons y parer.   Armons nous
d'une conftance inébranlable, & cher-
chons

chons feulement à nous diftraire des idées de nôtre douleur ; le Tems y paffe enfuite l'éponge. Ma Mère m'avoit laiffé de précieufes marques de fa tendreffe. L'éducation qu'elle m'avoit donnée faifoit tout mon bien. Je réfolus d'en joüir en pratiquant les fages préceptes de fa Morale. Gertrude elle-même que je confultois quelques-fois me ramena au fentier dont ma raifon s'étoit écarté. Je repris mes exercices. J'avois demandé un Claveçin ; j'aimois cet inftrument, & je n'en joüois pas mal. Un jour que je m'amufois à exécuter une piéce de *Couperin,* Ste. Sophie paffa devant ma chambre ; enchantée de m'avoir entendue, elle entra. Cette fille avoit elle-même quelques connoiffances de mon talent. Quoi que mife au Couvent d'affés bonne heure, elle avoit eu le tems, avant d'y entrer, d'être formée par les meilleurs Maitres. Elle me félicita fur mes difpofitions. Je lui demandai fi elle entendoit la Mufique. Pour toute reponfe : elle prit ma place. Je fus ravie ; Il étoit trop plaifant de voir fortir fous l'enveloppe d'un linceul qui couvroit fes poignets deux petites mains potelées qui contraftoient parfaitement avec l'ébène de mes touches. Ce foin de la

chair,

chair, cette propreté fi mondaine me fit juger que St. Sophie n'avoit de Religieu-fe que le voile qui l'a couvroit. Son maintien au furplus & ce jargon étranger au Cagotisme que foutenoit une figure remplie de graces annonçoit plutôt une Venus cloitrée qu'une fervante du Sei-gneur. Cette decouverte m'ota une par-tie de ma méfiance, & je répondis à la Révérende Mère avec moins de réferve que je l'avois fait jufqu'alors. La Con-formité de fon fort avec le mien ne la faifoit pas mon ennemie. Je m'étois trompée fur les apparences; & cette mê-me Religieufe que je comptois être l'ou-vrière de mes peines, devint bientôt ma plus Zelée protectrice.

Pour gagner ma confiance, elle débuta par m'inftruire des anecdotes qui l'a con-cernoient. Elle étoit, comme on me l'avoit dit, Sœur de Mr. de Mirande; mais ce dernier, fils unique, heritier d'un nom & d'un gros bien, avoit tellement balancé la tendreffe de fes parens qu'elle avoit été la victîme de la fortune opulen-te qu'ils avoient voulu lui laiffer. Une retraite éternelle la privoit de fes biens aux quels elle avoit droit; mais ce qui lui coutoit le plus, c'étoit la perte d'un a-

mant

mant chéri dont elle avoit payé les tendres feux dès l'age de quinze ans ; de sorte qu'elle étoit entrée dans cette maison portant encore dans son sein le gage de son Amour. Elle me fit le détail de tous les chagrins qu'elle avoit essuyés lors de l'instant qu'elle lui avoit donné le jour. Sa famille furieuse lui avoit fait éprouver les traitemens les plus durs , & sans la charité de cette Communauté, que pareil événement ne surprenoit pas , elle n'auroit pu survivre à son Chagrin ; mais l'esprit de Compassion, l'esprit de miséricorde que ses Sœurs (c'est le nom que ces Dames se donnent entre elles) avoient eu pour son état lui avoient permis d'élever sous ses yeux une créature innocente dont l'éducation faisoit aujourd'hui tous ses delices , & de conserver habituellement le même commerce avec l'Epoux que son cœur avoit choisi. Je devois juger, ajouta-t-elle, que la loi de réciprocité l'engageoit a pareille tolérance vis-à-vis de toutes celles que son titre de Supérieure lui avoit soumises.

Je conclus aisément de ce discours que toute la Ste. sequelle avoit secoué le joug d'une chasteté ridicule & que leur principe assortissoit au mien. Je crus devoir a

Ste.

Ste. Sophie l'échange de fa Confidence. Je lui fis le narré de tous les événemens qui avoient tiffu ma vie. Elle y fut fenfible, & fingulièrement à ma dernière fituation vis-à-vis de Robinel dont, à la follicitation de fon Frère, elle avoit été forcée de feconder les projets. Nous avions l'une & l'autre un dégoût égal pour ces pratiques réglées, & uniformes qui font l'occupation journaliere d'une vie Monaftique. Nous avions l'une & l'autre un amant a rejoindre. Même intérêt par conféquent, à nous Echapper de notre prifon. Nous en concertames les moyens. Madlle. Victoire; c'eft le nom que je donnerai d'or-en-avant à la Mère Ste. Sophie, me confeilla de feindre quelques complaifances pour Robinel. Je l'avois reçû, à fa première vifite, d'une façon à rebuter fa tendreffe. Outrée du ton de fourberie dont-il m'avoit abordée fous la prétexte de me préfenter les confolations, dont je devois avoir befoin après la perté de Mad. de G. indignée qu'il eut l'effronterie de s'offrir à me fervir de Père, je ne lui avois pas épargné les Epithetes les plus dures. Il étoit forti furieux, & avoit recommandé foigneufement à Victoire de me décider en vingt

qua-

quatre heures, & de me faire opter entre le choix de répondre à sa paſſion, ou celui de prononcer des vœux éternels qui me ſépareroient ſans retour de toutes mes eſperances. Voila ce que marquoient le ſimbole, & l'emblême de ce petit cabinet qui avoiſinoit ma chambre, ou je n'avois trouvé que l'attirail effrayant d'une recluſe. C'étoit m'annoncer que mon ſort dependoit de moi, & qu'il m'étoit libre de préférer les aiſances d'une vie commode aux auſtérités de la Religion. Victoire venoit m'annoncer cette funeſte reſolution lorſque le Ciel permit que nous conçumes l'une pour l'autre une Simpatie qui devoit nous aider à triompher de notre ſort, elle jugea que le meilleur parti pour moi étoit de conſentir aux empreſſemens de mon futur patron. J'étois neuve ſur les vrais plaiſirs de l'Amour; je ne les connoiſſois encore que par théorie. Robinel étoit bel homme, qu'importoit après tout ſon Caractère, puiſqu'il ne s'agiſſoit pas de nous unir. Du moins s'il étoit propre à me donner les premieres leçons de la volupté pourquoi vouloir me refuſer à cet eſſai. N'étois-je pas toute entière également à Fetigny ? Ce partage qui ne lui ôtoit rien de ſes droits ſur mon

cœur

cœur & ne me rendoit pas parjure ; au contraire il m'en tiendroit compte, fans doute, puifqu'il me trouveroit plus inftruite de la façon de le rendre heureux.

Je goutai cet avis. Victoire y avoit mis une claufe, qui me décidoit a y applaudir. Il falloit, difoit elle, que j'infiftaffe feulement a n'accorder mes faveurs à Robinel qu'a condition qu'il me tireroit de fon Efclavage, & qu'il me mettroit dans un état affés libre pour être a même de recevoir fes careffes fans contrainte. Il n'étoit pas douteux qu'il fe prefferoit de me faire fortir ; & Victoire fe promettoit de s'échapper avec moi. Gertrude, qui étoit du complot, n'étoit pas connuë de Robinel. Elle devoit prêter fes habits à mon amie qui à la faveur de ce déguifement comptoit de s'échapper fans obftacle. Nous nous féparames après cet arrangement.

A peine fus-je feule, que réflechiffant fur ce plaifir que Victoire m'avoit peint fous tant d'attraits, je me livrai fans réferve à l'efperance flatteufe de le connoitre dans peu. Robinel me paroiffoit moins odieux depuis que je fçavois que je lui aurois cette obligation. Je m'accoutumois fans peine à penfer qu'il me
fau-

faudroit vivre avec un homme qui fournissoit déja aux commodités de ma vie
& qui m'en alloit procurer bientôt tous
les agrémens. On m'anonça le lendemain la Visite de mon bienfaiteur ; ce
titre avoit remplacé dans mon Esprit les
noms odieux que je lui avois donné dans
le debut. Je n'éprouvai en le voyant
que l'émotion tranquile que l'on resient à
la vuë d'un objet encore nouveau ; mais
qui ne nous offense plus. Il me sembloit
que Robinel alloit réparer tous ses torts
& qu'il ne seroit plus coupable de la perte de mes biens puis qu'il se pressoit à les
remplacer par ses largesses. Mon abord
fut plus doux, & je n'eus pas besoin de
me contraindre pour lui laisser prendre
un Espoir dont je partageois moi-même la
douceur. Il parut charmé de mes dispositions. Le prix que j'avois mis à mes faveurs étoit la sortie du Couvent. Ce
prix marquoit mon empressement, & il
hâtoit l'instant de le rendre heureux. La
condition fut reçuë, & remplie sur le
champ. Son carosse l'attendoit, il me pro-
posa de m'en servir pour m'en retourner
avec lui je l'acceptai en lui demandant
place pour une fille de Confiance qui me
suivoit partout ; & je montai aussi tôt

pour

pour avertir Victoire de se préparer. Tout le monde étoit à l'office; ainsi point de témoins qui l'embarassassent. Son déshabillé fut court. Mes diamants ma bourse & quelques écrits furent tout mon paquet. Nous descendimes. Victoire comme superieure avoit les Clefs de la maison. Elle en fit usage pour nous délivrer & pour rompre ses fers. Imaginant bien qu'au cas qu'on s'apperçut de notre fuite, on prendroit des précautions pour nous rejoindre, elle eut celle de remettre ces mêmes clefs à sa poche pour que le tems qu'on employeroit à les chercher, ou à forcer les portes, nous donnat celui de nous Eloigner.

Me voila donc, Madame, au pouvoir de l'homme destiné à me couvrir de honte. Je m'y livrai volontairement; Quel dès-honeur! Petitesse d'esprit à quiconque le pense. La nécessité m'imposoit cette loi, & le temperament me la rendoit douce. D'aussi puissans motifs balancent avec force le préjugé qui les condanne. Le Passioné Robinel n'eut pas troqué son sort pour la plus brillante fortune. Contente du mien, je répondois à ses vivacités. Ses lèvres colées sur ma main avoient fait couler dans mes sens ce

feu

feu Père du défir. Pour la première fois j'éprouvois la puiffance ; & l'attrait de ces careffes que je n'avois pas connuës, & ces flatteurs préliminaires me faifoient augurer une felicité parfaite dans leur dé-nouëment ; le caroffe qui nous conduifoit arréta au Fauxbourg St. Honoré, à l'op-pofite de l'endroit d'où nous fortions. Nous defcendimes dans la ruë Vuide-gouffet dans un hôtel garni ou il paroiffoit que j'étois attendue. J'y trouvai le mag-nifique apareil d'un appartement , dont la moleffe avoit fait les fraix, & ou tout refpiroit le plaifir. Une nombreufe fuitte de Laquais, un équipage à mes ordres ; j'y commandois en fouveraine. C'étoit à Robinel que je devois toutes ces gra-ces. Il parut en vouloir la récompenfe ; pouvois-je la lui refufer ? un Canapé d'une riche étoffe garni d'un lafcif aigle-don fut l'autel ou je facrifiai cette fleur dont on fait tant de cas, que l'on con-ferve avec fi peu de foin, & qui fe perd en fi peu de tems.

Si le hazard vous eut placé, Madame auffi avantageufement que l'étoit Therèfe lorfque Madame de C. dans une attitude libre offroit à fon directeur l'étalage fe-duifant de toutes fes beautés vous euffiés

H

peut-

peut-être joui d'un tableau auffi avanta-geux. Mon amour propre me permet de m'en flatter; mais l'occafion vous ayant refufé le fpectacle contentés vous de mon récit, & n'exigés pas une ébauche ou le pinceau eft néceffairement hardi lorfqu'il veut-être fidelle.

Que fert la defcription? Peut-elle ajoûter à la volupte? La mienne fut complette. Mon nouvel amant fortit du Combat avec cet air fier qu'infpire la victoire. Le Dieu de l'Amour & celui de la Guerre ne me parurent pas differents, & l'un & l'autre marchoient tête levée à leur triomphe. Il fouppa avec moi & nous nous quittames fatisfaits, avec parole de nous rejoindre. Mon amie devenuë libre par le depart de Robinel vint me demander compte de fes exploits, je lui fis l'aveu de tout ce qui s'étoit paffé & nous en rimes de bon cœur. Il lui reftoit une inquiétude. Elle ne pouvoit demeurer longtems à Paris fans être expofée aux perquifitions que fa fuite alloit occafionner; comment étoit-il poffible néanmoins qu'elle s'en éloignât? Son amant y faifoit fon fejour; quel aimant plus puiffant pouvoit l'y retenir? Mais comment vivre avec lui? Son état qui l'expofoit aux yeux

du

du Public ne lui permettoit pas d'embraſ-
ſer le même genre de vie. Durreville
(ainſi ſe nommoit l'Epoux de Victoire)
jouoit au théatre de la Comedie Françoi-
ſe. Mon amie a qui cette profeſſion plaiſoit infiniment auroit bien voulu y paroitre avec lui mais c'étoit ſe donner en
ſpectacle à tout Paris, & s'expoſer au danger d'être reconnue. Je ne ſçavois comment parer à ces inconveniens ; qu'elle
reſtat avec moi, ce n'étoit pas la difficulté, mais que ſans en ſortir elle put renouer avec Durreville, c'étoit l'embarras.
Elle imagina que Mr. Robinel lui ayant
l'obligation du m'avoir conduit au point
de me rendre, ne lui refuſeroit pas ſa protection & ſes ſecours. Le tout dependoit
d'une Confidence, & de l'aveu de nôtre
petite ſupercherie. Il étoit ſingulier qu'il
ne s'en fut pas encore apperçu ; car il
connoiſſoit Victoire. Peut être la différence des ajuſtemens, on plus toſt uniquement occupé du plaiſir d'être avec moi
n'avoit-il pas eu le loiſir d'y penſer. A
peine fut il venu le lendemain que je lui
fis cette ouverture, charmé de pouvoir
m'obliger, & s'acquiter, en même tems,
il fit venir Victoire & lui promit au de la
de ce qu'elle demandoit. Un Domeſtique

de-

depeché auffi toft à Durrevile l'amena en fort peu de tems.   Mon amie jouit de cette voluptueufe entre vuë dont une longue abfence affaifone la reünion.   Helas, je partageai fa fenfibilité.   Durreville me parut trop aimable.   Une jambe faite autour, un taille jufte & bien prife, une phifionomie riante, & noble, des yeux paffionés & fenfuels, un air d'en bon point qui promettoit la force, & touttes ces façons qui annonçoient le plaifir; qu'elle difference! le Pauvre Robinel ufé & tirant à fa quarantaine, Durreville, agé de vingt fept au plus; le premier jouant l'efprit, le fecond plein de faillies & d'imaginations me parut devoir être un guide bien plus fur dans la route où je commencois a marcher.   Il me vit des mêmes yeux; nous nous parlames, & nous fumes bientôt d'acord.   Il avoit des arrangemens pris avec la trouppe de Lyon, & comtoit partir dans un mois.   Nous nous promimes mutuellement de faire enfemble ce voyage c'etoit me raprocher de Genève, & le Chevalier qui m'occupoit toûjours au fort de mes plaifirs étoit le véritable motif de ma détermination. Mais il falloit tromper mes deux *Argus* je veux dire Robinel & la Révérende Mère.   D'allieurs cette

deftideſtinée, qui m'avoit toûjours fait loger à des enſeignes, ou dans des ruës ſimboliques, ſembloit me preſcrire de ne pas quitter Robinel qu'aprè‍s avoir amplement uſé de ſes dons. Comment ſortir de la rue Vuide-Gouſſet, & n'avoir pas travaillé ſur le ſien. Je l'avois bien achetté, & le galant Robin méritoit le ſort du vieux coq toûjours plumé, par la poulette. Un mois d'avance n'étoit pas trop pour mon projet; je réſolus de l'employer, Gertrude m'avoit rejoint. Nous avions ſçû par elle tout ce qui s'étoit paſſé après nôtre départ. Elle avoit feint d'ignorer nôtre fuitte, & l'on s'étoit preſſé de lui donner ſon elargiſſement depuis qu'il n'y avoit plus rien à gagner à la rétenir. Au fur plus la Crainte du ſcandale mettoit Victoire à l'abri des pourſuittes, & nous vivions aſſés tranquiles. Rien ne me peinoit que les tendres ébats de Durreville & de ſa premiere maitreſſe. C'étoit autant de Vols dont je murmurois, mais comment s'en plaindre? Nos journées couloient dans ce tourbillon d'amuſemens dont Paris abonde. Le ſpectacle, par deſſus tout, avoit captivé mon goût. Durreville avoit à mes yeux un merite de plus par le talent qu'il y faiſoit briller.

H 3

Cet-

Cette Vie que l'on y menne me paroissoit la seule raisonnable, le théatre, cette sçene critique ou l'on peint les vices des hommes, ou l'on joue leur ridicule, donne aux Acteurs qui y paroissent ce ton d'independance qui les rélève de la soumission du aux préjugés & aux bien séances. Je m'éprisois trop les uns, & faisois trop peu de cas des autres pour nepas goûter un état qui sembloit n'en point admettre. Je voyois arriver avec joye ce tems qui devoit m'y conduire. Le delay expira, & nous d'élogeames Durreville & moi sans que seurement on eut lieu de s'en douter.

J'avois laissé Gertrude à Paris pour rétirer de la poste les lettres que Fetigny pourroit m'y adresser. A peine étois-je a moitié chemin de Lyon, que j'en reçus une. Je sçavois que quelques affaires nous retiendroient à Châlons trois ou quatre jours, & j'avois, a tout hazard, donné ordre à Gertrude de me les adresser en cette Ville. J'y lus: (je m'en souviens encore) j'y lus l'expression du sentiment le plus vif, & le plus constant. Fetigni qui ne voyoit d'autres risques que ceux que je pouvois courrir malgré le danger qui le menaçoit à Paris, s'étoit résolu d'y venir

pour

pour m'arracher des mains, difoit-il de
mes perfecuteurs. Il s'en étoit raproché
à très peu de diftance, & il attendoit à
Auxères ma réponfe pour fe d'écider. J'a-
vois donc paffé aux portes de mon amant,
& mon cœur ne m'avoit pas dit que j'étois
prés de lui. Ah! dans un autre tems ce
cœur ne m'eut point trahie! Quelle affreufe diverfion faifoient donc fur fa fincérité les écars, & l'efpèce de débauche
à la quelle je m'étois abandonné depuis
peu. J'en conçus toute l'horreur imagina-
ble. Je vis à d'écouvert la périlleufe tentative qui alloit expofer mon amant.
Tremblante pour fes jours qu'il facrifioit
à mon répos, mon penchant pour Durreville difparut. Je voulus le quitter pour
voler entre les bras de Fetigni; mais mon
efclave prit le ton de Maitre, & je ne
pus échapper à la façon cruelle avec la
quelle il me rétint. Trop obfervée par fa
jaloufie, je n'eus pas même le tems d'é-
crire à mon amant. Nous continuames
nôtre route, & j'arrivai à Lyon avec mes
inquiétudes. Trop de complaifance pour
Durreville m'avoit fait répondre à fes tranfports, il s'étoit prévalu de ma facilité, &
me demandoit à titre de droit ce que je

H 4

n'a-

n'avois compté lui accorder que par grace.
Apeine fumés nous arrivés, qu'il me fallut fuivre, & embraffer l'état de mon nouveau Patron. Je parrus, & je d'ébutay,
par le rôle de Conftance dans *le prejugé à
la mode.* Ce Chef d'œuvre de la Chauffée
étoit fans doute fait à point nommé pour
me rapeller à moi même, les fentimens
qu'il a femés dans le cours de cette piéce.
Ceux que j'étois obligée d'y joindre rani-
merent ma paffion pour Fetigni. Tout
ce que jedifois a Durreville s'adreffoit au
Chevalier, & la confequence fut une ferme réfolution de le joindre.

Gertrude arriva le même jour que j'a-
vois formé ce projet; elle m'apprit que Fetigni étoit à Paris; mais pour me raffurer
fur l'événement, je fçus que fa famille a-
voit pris le parti de le faire enfermer. Je
gémiffois fans doute de la prifon de mon
amant. Il eft dur de voir des fers à ce
qu'on aime; mais enfin c'étoit une néceffité, & par là je le voyois a l'abry des recherches des Parens de Midletton. Je
fçus qu'il faifoit tous fes efforts pour récla-
mer la protection du Grand Maitre de
Malthe. Il efperoit que l'ordre le revendi-
quant on ne pourroit fe difpenfer de le rendre.

dre. Par ce moyen il comptoit échapper aux pourfuittes de fes ennemis & à la dureté de fes parens, & fe promettoit de voler entre mes bras des l'inftant qu'il feroit libre. Une conftance fi foutenuë ne permettoit plus à mon cœur d'héfiter, j'abandonnai Durreville pout voler à mon amant. Gertrude & moi touttes deux dans une Chaife, nous avions repris le chemin de Paris; & nous netions pas loin de Macon lorfque Durreville inftruit de nôtre route fçut bientôt nous atteindre. Effrayée du péril qui me menaçoit, je crus que la réfiftance pourroit me fauver du malheur de retomber en fon pouvoir. Nous luttions Gertrude & moi contre fes efforts, lorfqu'il decouvrit de loin un équipage qui venoit à nous; c'étoit le votre Madame. Son projet, s'il avoit des temoins, le conduifoit infalliblement à fa perte. La fuitte lui fembla le parti le plus feur, & pour en hâter les inftans, aprés nous avoir tiré Gertrude & moi de notre voituxe, il s'y plaça, & le piftolet à la main fit tourner bride au poftillon. Plût au Ciel que fon avidité fatisfaite de tous les biens qu'il m'enlevoit & que j'avois renfermé dans une petitte malle derierre la Chaife; il fe fut contenté de s'enrichir à

mes

mes dépens ; mais fa jaloufe fureur le portant à attenter fur mes jours pour s'affurer
que Fetigni ne jouiroit jamais de fa conquête un coup de poignard laiffa prés de
moi Gertrude fans vie, & fa main mal affurée me porta dans le fein ce coup dangereux qui m'eut été fi funefte fans vos
fecours, telles font mes avantures, Madame, dont je n'ay pu me difpenfer de
vous donner le detaïl; les obligations que
je vous ai éxigent bien fans doute cette
reconnoiffance.

Fin de la premiere partie.

S E-

SECONDE PARTIE.

CE n'eſt plus par motif de reconnoiſſance que je continue ce manuſcrit c'eſt
pour ma propre ſatisfaction.   Peut-être
un jour tomberat-il dans les mains du Public qui s'amuſera du récit des accidens
dont il a plu a la deſtinée de varier ma
Vie.

Je ſuis redévable de la conſervation du jour
dont je jouis aux bontés de Madame de L.
V., les précautions avec les quelles elle
me fit mettre dans ſa voiture qui me conduiſit chés elle, & les ſoins qu'elle prit de
moi pendant ma maladie ne contribuerent
pas peu à me rappeller à la vie.

Sitôt que nous fumes arrivées à ſa terre, qui n'étoit qu'a une petite lieüe de
l'endroit ou elle m'avoit trouvé dans un ſi
triſte état, ſon premier ſoin fut d'envoyer chercher un Chirurgien qui, après a-
voir ſondé la playe, la jugea de promte
guériſon.   En effet comme elle étoit moins
dangereuſe qu'elle n'avoit paru d'abord,
je n'eus beſoin que de quinze jours de repos pour être en état de jouir des beaux

jours

jours de l'autonne. Une maison des mieux entendue, située sur le penchant d'une colline, offroit à mes yeux une campagne spatieuse qui me rapelloit sans cesse à l'idée le château de Rémivale dont la privation, quoi qu'injuste, ne me touchoit cependant nullement.

Ma santé qui s'affermissoit de jour en jour & les offres génereux de Madame de L. V. me faisoient espérer une vie douce & tranquille dans le sein de ma bien faitrice ; mais la fortune obstinée à me persecuter ne m'avoit pas porté ses derniers coups, & sa furie contre moi n'étoit pas entierrement assouvie. Il lui falloit encore de nouveaux efforts pour tâcher de me terasser, mais fidèle aux sentimens que j'avois gravés profondément dans mon ame ou je puisois un thrésor intarissable de consolation, je la laissai agir, & régardai d'un œil tranquile gronder l'orage sans m'en émouvoir.

Un jour que Madame de L. V. & moi étions allées jouir de la fraîcheur du matin, la conversation, qui rouloit sur le peu de fond qu'il y a à faire sur les choses de ce bas hemisphère, nous entraina dans le fond d'un bois assés écarté. Nous nous trouvames lassés l'une & l'autre, lorsqu'un endroit tres ombragé & garni d'un verd gazon nous invita à y prendre un peu de répos pour nous mettre en Etat de rétourner au Château. A peine étions nous affifes, qu'un cliquetis d'épée très proche de nous interrompit notre converfation, & fit ceffer nos propos. Nous prètames fort attentivement l'oreille pour écouter fi nous ne pourrions rien d'éméler de pofitif qui nous mit au fait de l'Avanture, fans nous rifquer à étre Spectatrices inutiles d'une fçene dont le réfultat ne pouvoit devenir que très Tragique. Emportée cependant par une fecrette curiofité dont je ne pouvois d'éméler le motif, je me levai douçement & fis quelques pas, mais en tremblant; car des lors je fentis naitre dans mon cœur mile troubles qui l'agitoient d'un preffentiment dont je ne fçavois à quoi attribuer la caufe. Mais, hélas! qu'on juge de ma furprife, lorfque je crus reconnoitre la voix de mon cher Fetigni. Ses acçens, qui me perçerent jufqu'au fond de l'ame, me donnerent un courage au deffus de mon fexe. Je me jettai à corps perdu au milieu des combattans, & les arrêtai l'un & l'autre. L'adverfaire de mon amant, qui étoit déja

blef-

blessé, & á qui la vue de son sang n'avoit
pas abbatu le courage, fournissoit au Chevalier avec une vigueur, & une animosi-
té qui me fit craindre pour les jours de
mon amant.   C'étoit effectivement lui;
l'appréhension ou je fus que la suite funeste de cette avanture, telle qu'elle put ê-
tre, ne me le ravit pour toûjours au moment ou il paroissoit que le Ciel qui se
declaroit en ma faveur me le rendoit dans
un tems ou sa présence, & ses secours me-
toient si nécessaires, me fit voler a son
aide.

Madame de L. V. ne me voyant pas
revenir m'avoit suivie.   Sa présence ne
servit pas peu à leur en imposer, & elle
calma absolument leur acharnement mutuel.   Que l'on juge de la surprise de Fetigni (car il ne m'avoit pas encore fixée)
lorsqu'après avoir jetté les yeux sur moi,
il me reconnut.   Son agitation fut si grande & la révolution si subite qu'il tomba en
arrière sans mouvement, & sans sentiment.   Que devins-je à cet aspect! Dans
mon premier mouvement je me jettay a
corps perdu sur lui, & lui baignai le visage de mes larmes, après quoi rapellant
ma présence d'esprit, j'examinai si son
eva

évanoniſſement ne provenoit pas de quelque bleſſure, pendant que Madame de L. V. s'empreſſoit a le faire révenir. Il ne reprit l'uſage de ſes ſens que pour changer de ſituation; il ſe jetta à mes genoux & les tenoit embraſſés ſans ſçavoir par quels termes il débuteroit & quelle expreſſion il choiſiroit pour m'exprimer ſa joye, ſa ſurpriſe, & la ſatisfaction qu'il avoit de me rétrouver ſi proche, pendant qu'il me croioit ſi éloignée, & qu'il étoit réſolu diſoit il de me chercher en déſeſperé par toute la terre habitable.

Le coup que Fetigni avoit porté a Valincourt (c'eſt ainſi que ſe nommoit ſon adverſaire) n'étoit pas dangereux, & même il néfleuroit que très légérement la peau: auſſi neut-il pas beſoin de grand apareil.

La préſence de Madame de L. V. & la mienne, comme je l'ai dit, ſuſpendit leur fureur, & nous parvinmes à les racommoder enſemble, de maniere qu'ils devinrent les meilleurs amis du monde. Nous les priames de nous accompagner juſqu'au château. Ils s'y prêterent de la meilleure grace du monde. Valincourt donna la main à Madame de L. V. & Fetigni me prit ſous le bras. A peine fumesnous

nous enſemble, que je lui demandai avec empreſſement par quel moyen il avoit pu reçoûvrer ſa liberté, comment il avoit fait pour terminer ſes affaires, & s'il ne courroit aucun danger.   Il me repondit que non, & remit à un autre tems à me ſatisfaire ſur cet article, me demandant à moi même par quel heureux hazard je me trouvois dans ces lieux, & d'ou provenoit cet air de convaleſcence qu'il voyoit ſur mon viſage, qui n'étoit pas encore bien remis de l'émotion & du changement ſubit occaſioné par la ſurpriſe d'une rencontre ſi imprevüe.   Je ne pus lui refuſer, & même juſques aux dernieres circonſtances le détail de tout ce qui m'étoit arrivé depuis nôtre dure ſéparation, la façon cruelle avec laquelle on m'avoit arraché des bras de ma chère & tendre Mère, la maniere dont j'avois été miſe dans un Couvent, & celle dont j'en étois ſortie. Cette avanture le divertit infiniment.   Je finis enfin mon recit, par la derniere ſçene, c'eſt à dire l'Etat, dans le quel Madame de L. V. mavoit trouvé baignée dans mon ſang, & ma fille de chambre étendue à mes côtés ſans vie.   Je ne lui cachai nullement (car j'ai toûjours fait profeſſion de ſincérité) mes intrigues avec
Dur-

Durrevile, & comment, me voulant foustraire à fon amour jaloux, javois pris le chemin de Paris, la maniere dont j'avois été ratrapée & depouillée de tout ce que j'avois. Ce dernier fait intéreffa beaucoup Fetigni ; il parut méme reveur depuis ce dernier mais fincere aveu. Le trouble qui fe gliffa alors dans mon ame me fit lui demander précipitament ce à quoi il penfoit. Il ne me repondit que par un profond foupir ; puis paroiffant un peu revenu de fa diftraction, il me demanda quelle étoit ma réfolution, & fi je fongeois à demeurer auprès de ma bienfaitrice. Je lui répondis qu'en cela je fuivrois fa volonté, & qu'elle feule feroit la règle de toutes mes actions. Cette réponfe parut le fatisfaire. Nous en étions à ce propos, lorfque nous fumes interrompus par un domeftique qui nous vint avertir que l'on nous attendoit au Château pour dejeuner; nous doublames le pas pour ne nous pas faite attendre d'avantage. M. de L. V. qui fçavoit a fond mon inclination pour le Chevalier me felicita très gratieufement fur l'heureufe fortune qui me rendoit mon amant, & loua fur tout beaucoup mon difcernement d'avoir fait un fi bon choix ; Elle fit un petit compliment des plus fpirituels a Fetigni, au quel il ne manqua pas de répondre fur le même ton.

Nôtre dejeuné, qui confiftoit en fruits de la faifon, fe paffa avec tous les agrémens du monde. La converfation en fut brillante & générale, & dura jufqu'a l'heure du diner. Valincourt parloit de fe retirer (car l'amoureux Fetigni n'y penfoit pas) à fa Campagne qui étoit a trois lieües de là, lorfque Madame de L. V. les pria fort obligéament l'un & l'autre de refter à diner, après néanmoins qu'ils auroient raconté le fujet de leur different. Valincourt ne fe fit pas prier. Il répondit à Madame de L. V. de cette maniere aifée qui caracterife fi bien l'éducation & la naiffance des gens au deffus du comun. Sans chercher de longs préambules, il vint tout d'un coup au fait, & commenca ainfi fon réçit.

Le cas & l'eftime toute particuliere que je fais du Chevalier, Madame, me rend effentiel le fervice que vous nous avés rendu mutuellement en nous réconciliant l'un & l'autre. Notre refiftance à été d'autant moins forte, que ce n'étoit par aucune raifon d'inimitié, mais fimplement par un léger point d'honneur mal entendu (c'eft je crois le nom le plus convenable

qu'on

qu'on puiſſe donner à une vetille) que-
nous nous ſommes portés à cette extremi-
té, & pour ſatisfaire votre juſte curio-
ſité j'aurai l'honneur de vous dire, Madame, qu'étant à ma terre qui eſt à trois
lieües d'ici nous nous trouvames pluſieurs
amis du nombre deſquels étoit le Chevalier. Dans une tournée de promenade
nous rencontrames pluſieurs Dames qui
entre elles, & ſans aucun Cavalier, fola-
troient aſſés librement ſur le bord d'un
ruiſſeau, nous les abordames avec les civilités reſpectueuſes qui ſont dües au ſexe.
Elles ne s'efaroucherent pas de notre abord,
& reçurent notre petit compliment avec
gracieuſeté, de ſorte que nous liames ſans
peine une converſation qui dura tout le
tems de la promenade, c'eſt à dire juſqu'aux approches de la brune ou chacun
ſongea a ſe retirer, Elles ne refuſerent
pas l'offre que nous leur fimes de les accompagner. Arrivés à la maiſon de Campagne de la Dame ou Demoiſelle chez qui
étoit cette aimable aſſemblée on nous invita a nous aſſorir, & à nous rafraichir,
ce qui fut offert de ſi bon cœur, & ſi galament, que c'auroit été offenſer infailible-
ment la maitreſſe de la maiſon que de le

ré-

fuſer auſſi nous ne nous fimes pas prier.
La converſation devint générale & enjouée.   Chaque Cavalier s'approcha d'une
demoiſelle ; & lui tint les propos ordinaires
de la Campagne.   Celle qui attira le plus
mes attentions étoit une fort aimable perſonne qui arrivoit tout nouvellement de
Paris. J'affeƈtai même pour elle beaucoup
de déférence.   Il n'y avoit cependant rien
d'outré dans mes avances , elles n'exce-
doient pas les bornes de la retenue & de
la bien ſeance la plus auſtère.

Quand la Compagnie ſe fut ſéparée, c'eſt
a dire que nous eûmes pris congé des Dames, le Chevalier me badina fort legère-
ment ſur ma promtitude a m'attacher,
& ſur le goût decidé qu'il diſoit avoir remarqué en moi pour cette charmante perſonne, m'avertiſſant néanmoins de ne pas
trop me livrer a une inconnue, ajoutant,
pour donner ſans doute plus de poids à
ſes raiſons, qu'elle avoit tout l'air d'une a-
vanturière nouvellement debarquée , &
que Paris étoit une ville aſſés féconde en
cette ſorte de gibier pour en fournir de
ſon ſuperflu toutes les autres provinces.
Je lui répondis que je n'étois pas de taille
à être dupe.   Il répliqua, & de paroles

ne

en paroles vint la querellequi nous a portés a une extrèmité qui peut être nous eût été funeste. Sans votre préfence Madame, & celle de Mademoifelle (en parlant de moi). Voila le fujet de notre Emportement.

Madame de L. V. le remercia de fa complaifance, & après une réponfe courte, mais obligeante, il prit congé de nous, demandant néanmoins dans les termes les plus refpectueux à Madame de L. V. la permiffion de venir de tems à autre lui préfenter fes civilités; Elle le lui permit très gracieufement, après quoi il reprit le chemin de fa terre.

L'amoureux Fetigni refta avec nous jufques affés avant dans la nuit, qu'il alla rejoindre fon ami avec promeffe de revenir le lendemain matin. Si toft qu'il fut parti, je n'hefitay pas un inftant de faire la Confidence a Madame de L. V. que ce Cavalier étoit cet amant dont je lui avois tant parlé. Elle convint avec moi qu'il avoit tous les dehors fuffifans pour rendre un homme aimable, & quelle ne doutoit pas que l'intérieur ne quadrat avec l'extérieur, mais cependant que les hommes étoient impénétrables, & que quand ils nous faifoient l'amour, ils n'avoient que le but de fe joüer de nous par leurs fouplef-

fes

ſes & proteſtations peu ſincères juſqu'a ce
qu'enfin ils nous euſſent reduites au point
de les laiſſer triompher de notre foibleſſe.
Voila l'éceüil commun dont vous devés
vous donner de garde.   Vous en devés
deja avoir quelqu'expérience, ainſi je n'ai
rien à vous dire de plus ſur cette matière.
Vous êtes ſage, & raiſonable, conſultés
vous.   Après ce court ſermon, elle fut ſe
coucher, & je me retirai dans ma chambre où je me couchai, mais helas ! mon
cœur & mon Eſprit agité, de mille pen-
ſées confuſes ne me permirent pas de fermer l'œil de toute la nuit.   Il eſt aiſé de
juger de ma ſituation.   J'aimois Fetigni.
Je lui croyois du retour, il n'avoit été
malheureux qu'acauſe de moi, je ne l'é-
tois que par raport a lui.   Qu'elle alternative ! l'amour & la reconnoiſſance combattoient tour a tour dans mon cœur.   Je flottois malgré cela entre la crainte & l'eſpé-
rance ; je lui avois avoué ce qui m'étoit arrivé avec Robinel a qui Durreville avoit
ſuccedé.   Je ne me ſentois plus digne de
lui. Peut-être me diſois je, maintenant fait-
il les mêmes réfléxions ; & ſa raiſon prendra le deſſus de ſon amour.   Tantoſt je
cherchois a me conſoler, & mettois les
choſes au pis-aller. Eh bien, penſois je en
moi

moi même, peut-être me prendra t'il fur le pied d'une jeune ; veuve & en cela il fera comme un homme d'efprit, car tel fe marie qui doit toûjours pour ne pas s'abufer prendre femme fur ce ton. Mais trêve à cette morale. Il me paroit que je fuis un peu libre à penfer au défavantage de mon fexe, & je ne dois pas, ce me femble, dans touttes les loix de l'équité juger des autres par moi même. Ce feroit être injufte, & peut être mille pour une auroient refifté dans le même cas ou j'ai fuccombé, & j'aurois refté une conquête digne du Chevalier. Après tout cependant fans bien, & réduite a paffer pour batarde, jamais il n'unira fon fort au mien. Il ne me régardera que comme une jolie perfonne dont il veut cherir les charmes : eh bien, fur ce pied, le mal n'eft pas grand; aucun accident ne les à fletris ; avec un cœur expérimenté je lui livrerai pour fruit de fa perfévérance des appas a l'épreuve, & lui épargnerai les peines de la nouveauté. Si la jouiffance le degoute, il ne manquera pas d'autres gens aimables qui en feront contens.

Tels étoient mes propos frivoles en attendant le jour. Remplie d'inquiétudes, la nuit me paroiffoit trop longue; mais ce fut

I 4

bien

bien autre chofe quand le matin fut venu, & même midi, fans voir paroitre le Chevalier. Alors une quantité de réflexions plus triftes les unes que les autres m'accablerent. Je reftay dans ma chambre fans en vouloir fortir, & eus recours aux larmes pour la premiere fois de ma vie, car il ne me fouvient pas d'en avoir verfé, mais elles étoient juftes. J'apprehendois que Fetigni n'eut eu les mêmes penfées a mon fujet que j'avois eües moi même. Je me rapellois le paffé. Je fongeois au préfent. J'envifageois l'avenir. Quoi! me difois je, fi Fetigni, en qui feul j'ai tout mon efpoir, après avoir meurement réflechi fur mes avantures, fe degoute de moi, quel féra mon fort? Après tout, que je m'éxamine, & à lui rendre juftice auroit-il tort? Peut être s'il me veut écouter il m'excufera de la foibleffe que j'ai eu pour Robinel, puifqu'autrement je n'aurois pu fortir d'embarras? Renfermée dans un Couvent, peut-être pour toute ma vie, fans aucun efpoir d'en jamais fortir, n'étoit-il pas naturel que je facrifiaffe mes premices a un homme de qui non feulement je tenois ma liberté mais encore a qui j'ètois redevable de mile douceurs, & des agrémens, des commodités de la vie? Cette premiere foibleffe é-

toit

toit excusable, mais qu'elle couleur, &
quelle tournure pouvois je donner à mon
changement subit, & a cette inclination
que je me sentis pour Durreville a qui je
sacrifiai mon honneur & les devoirs de la
reconnoissance que je violois vis-avis de
de deux personnes a qui j'avois de si grandes obligations.　Certainement ce dernier trait bien éxaminé, & mis a son juste tau ne peut que me faire passer dans son
Esprit pour une volage sur laquelle il ne
peut faire aucun fond ni compter en aucune
maniere. Puis me rendant justice a moi même je cherchois a me consoler, mais inutilement. Je sentois au dedans de mon cœur
un feu devorant que la seule presence de
Fetigni pouvoit amortir, & que mes réflexions augmentoient. Telle est, me disois
je a moi même, la triste condition de mon
sexe. Ce qui fait notre honte, & notre dés
honneur, est ce dont les hommes tirent
leur avantage.　Il faut avouer que la Nature auroit du de deux choses l'une, ou
nous donner des apas moins seduisans, ou
un cœur moins tendre ; & les hommes auroient également du être plus justes &
plus équitables dans l'arrangement des loix
qui réglent l'honneur des femmes, Effecti-

I 5

ve-

vement comment se peut il faire qu'ils ne
puissent gouter de plaisir dans notre commerce reciproque sans nous couvrir de
confusion? De la il s'en suivroit infailliblement que leur plus grande satisfaction ne
giroit pas dans la jouissance de nos tendres
embrassemens, mais seulement dans le plaisir de nous diffamer, se reservant le privi-
lege de déclarer notre foiblesse pour se
faire trophée de leurs fourberies & des
detours avec les quels ils nous auroient se-
duites. Tous ces raisonnemens me paroif-
soient d'une foible ressource dans ma position presente, & je me voyois réduite au
point, & à la triste nécessité de faire me-
tier d'une marchandise dont le frequent é-
talage diminuoit beaucoup le prix; car il
n'étoit pas sensé ni même raisonnable de
penser que Madame de L. V. voulut se
charger de moi avec le gout decidé qu'elle me connoissoit pour les charmes de l'ac-
couplement. J'en étois a ce point de pen-
sée critique, & qui n'offroit a mes yeux
qu'un triste avenir, lorsque j'entendis sous
mes fenetres le bruit d'une voiture. Je
ne fus pas paresseuse a regarder qui ce pouvoit être, mais grand Dieu; quelle joye a
l'aspect de mon cher Fetigni qui en Com-

pag-

pagnie avec Valincourt étoient venus ensemble avec chacun un motif d'intéret
particulier. Le Chevalier y venoit pour
m'y voir, & Valincourt y faire sa cour a
Madame de L. V. a ce que m'apprit Fetigni a qui il avoit fait l'aveu secret de sa
flame naissante. Je volai au devant de lui
& lui demandai avec empressement le sujet de son delai. Un baiser qui me rendit
toute de flame fut le prelude de son recit. J'ai plus souffert que vous, me dit-il
ma chère, & s'il n'avoit dependu que de
moi, je ne vous aurois pas quitté d'un instant; mais Victime des loix de la bien
seance, j'ai cru devoir m'absenter par respect pour Madame de L. V. a qui vous
avés de singulieres obligations, & par m'é-
nagement pour vous. Au reste, la neceffité en étoit indispensable. Quant a mon
rétard, le motif est l'accident qui m'arriva
hier au soir en vous quittant. Mon che-
val épouvanté d'un je ne scai quoy, prit le
mord aux dents d'une telle violence, que
las des efforts inutiles que je faifois pour
le retenir, je lui abandonay la bride sur le
cou & un instant après une courbette un
peu forcée me défarçona. Cette chutte
quoi que sans consequence pour l'avenir
est la seule cause, & la seule raison qui
m'a

m'a empêché de me rendre auprès de vous auffitoft que mon cœur l'auroit bien defiré; ainfi vous voyés, adorable Juliette que toûjours le même à votre égard, je fuis armé d'une conftance à toute épreuve & jamais rien ne fera capable de l'alterer. Il alloit continuer, lorfque la joye & la fenfibilité de le voir tel que je le defirois me pouffa à l'interompre. Ah! cher Chevalier, lui dis-je, feriés vous bande a part d'avec le refte des hommes, & votre façon de penfer ne fe dementira t'elle pas? Quoi donc vous aimés encore l'objet infortuné de vos feux & de vôtre conftance! Juliette qui auroit dû ne vivre que pour couronner vôtre perfeverance, & qui après fes égaremens dont elle vous a fait un fincere aveu trouve, encore en vous un cœur génereux.... Les larmes qui me venoient aux yeux, & mon cœur agité de mile diverfes penfées, me mettoient a la bouche une quantité d'expreffions qui m'étouffoient les paroles fur le bord des levres, de forte que je me trouvois perdue dans mes idées, lorfque Madame de L. V. furvint fort a propos avec Valincourt pour me tirer d'intrigue. Nous changéames de propos & la converfation roula fur des chofes indifferentes. Je demêlai aifément dans le

gef-

geste, & dans le maintien du Chevalier, que ce contretems n'étoit pas de son goût. Je m'applaudissois interieurement de son embarras, & lui en sçus bon gré. Sa mine inquiette, qui se manifestoit malgré lui, donna lieu a Madame de L. V. de le badiner en passant sur son air interdit.

Nous allames au jardin ou nous fîmes plusieurs tours au bout des quels Madame de L. V. qui se trouvoit également genée, profita du detour d'un bosquet pour se livrer aux raisons de Valincourt qui lui éxageroit avec les expressions les plus fortes l'excés de son amour, & l'empire que ses charmes exerçoient sur son cœur. Ce vuide dont Fetigni profita, lui donna lieu de m'entretenir a son aise. Oui, chère Juliette, me dit-il d'une voix entre coupée de soupirs, vous seule pouvés faire mon bonheur, & je ne puis vivre heureux sans vous, & sans m'arreter aux derniers evénemens de vôtre vie, la candeur & la sincérité avec laquelle vous me les avés avoués ne m'éloignent pas de vous, au contraire je me flatte que toute à moi vous ferés ma felicité, & je veux que mes bienfaits vous attachent inviolablement à ma personne. Je suis Majeur, & jouis d'un bien suffisant pour vous faire cou-

ler

ler des jours heureux ; il ne s'agit plus maintenant que de trouver un moyen honéte pour remercier vôtre bienfaitrice & unir vôtre fort au mien par un fincere attachement qui nous tiendra lieu de facrement, car vous n'ignorés pas fans doute que dans l'état ou je fuis je n'en puis contracter. Les vœux folemnels qui me lient à l'ordre de Malthe font pour moi des liens indiffolubles. Je dois dans peu partir pour aller faire mes caravanes & vous ne pouvés juftifier votre amour & recompenfer ma fidelité qu'en faifant à peu près pour moi l'égal de ce que je veux faire pour vous ; voyés, prenés une réfolution, voici le fait. J'ai tout rifqué pour vous rejoindre, vous le fçavés. Il s'agit maintenant de déguifer votre fexe & de vous déterminer à me fuivre. Il ne me fera pas difficile, n'étant connus ni l'un ni l'autre, de vous faire paffer pour un de mes amis que l'envie de voyager a engagé à me fuivre, & même comme vous êtes d'un âge inférieur au mien, il me fera fort aifé de faire acroire que chargé par vos parens du foin déclairer votre conduite, je me fuis engagé a fournir a vos dépenfes & à veiller a vos demarches. Cette propofition d'abord m'embaraffa, mais l'a-

-mour

mour que je reffentois pour Fetigni, &
les douceurs que je me promettois dans
fon commerce après le quel je foupirois
de puis longtems me deciderent à aquiefçer
à tout ce quil me propofa. Il me paroiffoit
inquiet en attendant ma reponfe, & fon
cœur flottoit entre la crainte & l'efperance, lorfque pour calmer fes inquiétudes &
diffiper fon trouble, je lui promis tout ce
qu'il exigeroit de moi.   Ma réponfe le fa-
tisfit au point, que ne pouvant plus retenir
fes tranfports, & fes mouvements il fe jetta a mes genoux & tenoit la bouche colée
fur une de mes mains.   Ne pouvant fouffrir dans cette attitude celui qui déformais
devoit être l'inftrument de mon bien ou
mal être, j'étois occupée à le réléver, lorfque derechef nous fumes interrompus par
Madame de L. V. qui en femme prudente feignit de n'avoir rien obfervé de ce qui
fe paffoit. Nous nous reünimes comme fi
de rien n'étoit, & primes le chemin du Chateau ou en attendant l'heure du fouper
Madame de L. V. propofa une partie de
Quadrille.   Je ne fus pas fi occupée de
mon jeu, que je n'eus le loifir de remarquer de tems a autres des œillades très vives entre Madame de L. V. & Valincourt.
Fetigni, je crois, s'en apperçut auffi bien

que

que moi. La partie finie, nous paſſames dans le ſalon ou l'on avoit ſervi le ſouper. Le tems que nous reſtames a table fut rempli par une converſation diverſifiée & dont le reſultat fut une ſeparation juſqu'au lendemain qu'on promit de ſe rejoindre. Fetigni & Valincourt remonterent dans leur voiture & prirent le chemin de leur maiſon. Quand nous fumes reſtées ſeules Madame de L. V. me tira dans ſa Chambre ou elle m'entretint fort long tems. Je commençois même deja a me laſſer de ſes propos qui quoi que juſtes me paroiſſoient ennuyeux par ce qu'ils combattoient ma paſſion, lorſqu'enfin elle vint au fait, & me declara ſans détour qu'elle voyoit bien le but des viſites de Fetigni & que tout bien conſideré il étoit d'un rang & d'un état a ne me jamais Epouſer, & que ſon idée ſans doute n'étoit que ſe procurer avec moi des plaiſirs qui faiſoient l'objet de ſes vœux qui n'avoient pour obſtacle que ſa preſence & qu'elle n'étoit nullement d'avis que cela ſe paſſat ſous ſes yeux, quelle m'avoit rendu ſervice à la vérité par motif de généroſité, qu'elle ne s'en repentoit pas, bien loin de la, qu'elle étoit reſolue a me faire éprouver en toute rencontre ſon humeur bienfaiſante, mais que le

len-

lendemain j'eusse à avertir le Chevalier
de ce dont-il s'agissoit, & qu'elle me
donnoitdeux jours pour le resoudre à me
trouver une demeure ou nous fussions libres
de nous exprimer mutuellement, & sans
contrainte, ce que nous ressentions l'un
pour l'autre; qu'a l'égard de ce qu'elle avoit
fait pour moi, elle n'en éxigeoit aucune reconnoissance, & qu'en pareille rencontre
elle se sentoit très disposée à en faire autant pour ceux ou pour celles qui auroient le malheur de se trouver dans le
même cas; après quoi elle me congedia, fort
civilement néanmoins, & sans rien retran-
cher de sa politesse ordinaire.   Je lui sou-
haitai le bon soir, & me retirai dans ma
Chambre, en proye à mille réflexions plus
serieuses les unes que les autres.   Me voila
donc, me disois je, reduite vis-avis de moi
même.   Sans biens, sans parens & sans ressource, mon sort depend uniquement de Fetigni.   Qui m'assurera que son amour ne se
lassera pas?   Peut-être la jouissance chan-
gera-t'elle sa vive ardeur en tiedeur qui
me rendra la triste Victime de l'indiffé-
rence.   Mais quoi, disois-je.   Je m'abuse,
mon cher Fetigni m'aime, il me sera constant, & moi je veux lui être fidele, & je
ne le crois pas volage comme le reste des

K

hom-

hommes. C'eſt ainſi que je cherchois à le
juſtifier dans mon cœur d'un crime dont
il n'étoit pas encore coupable.	Mille au-
tres chimeres, qui toute la nuit me roule-
rent dans l'eſprit, me firent joindre le jour
que j'attendois avec impatience.	Fetigni
ne ſe fit pas attendre ce jour là, & je le
vis arriver avec Valincourt. Je n'eus pas
de peine à l'entretenir en particulier,
nous en eumes tout le loiſir.	Je debutai
par la déclaration que m'avoit faite Madame de L. V. Il n'en parut pas ſurpris,
& me dit d'un air fort enjoué, que cette
demarche lui en épargnoit une autre, &
qu'il avoit déja pourvu à me trouver un
logement ou, ſans fâcheux, nous ſerions libres l'un & l'autre de donner carriere a
nos inclinations, & me ſerrant entre ſes
bras il me donna un baiſer qui me rendit
toute de feu. Alors je ſentis une revolution en moi même qui m'étoit inconnue.
J'avois bien gouté des plaiſirs d'amour, mais
je n'avois jamais ſoupiré après, & ceux
que je me promettois avec mon cher Fetigni étoient bien d'une autre nature. Les
obſtacles irritent la paſſion & rendent les
deſirs plus ardens.	Depuis longtems je
ſoupirois après cet heureux moment ou,
ſans contrainte, maitreſſe de moi même,
je

je pourois couronner fa vive ardeur, &
favourer des plaifirs fenfuels dont je n'a-
vois reffenti que tres foiblement les avant
gouts par un facrifice involontaire que j'a-
vois fait à l'amour de la liberté, & après les
quels je n'avois, pour ainfi dire, nullement
afpiré.

Mon cher Chevalier, après m'avoir en-
tretenue affés longtems, fe rendit auprès de
ma bienfaitrice à qui il ouvrit la converfation à mon Egard, & lui offrit très poliment de la dédomager des fraix quelle
pouvoit avoir faits à mon occafion. Elle
rejetta fes offres avec toute la gratieufeté
dont elle étoit capable, & après quelques
legeres exhortations, elle confentit à me
laiffer aller, en me recommandant beaucoup de circonfpection, & furtout beaucoup d'attachement & de fidélité pour celui, difoit elle, qui devoit être l'inftrument
de mon bonheur. Nous primes congé
l'un & l'autre de Madame de L. V. Cette
feparation me couta beaucoup. Je lui
avois de grandes obligations, & j'étois bien
réfolue d'en conferver un éternel fouve-
nir. Pour contrebalançer la douleur
de cette feparation, il ne falloit pas moins
que l'idée préfente du bonheur dont j'allois jouir. Valincourt refta avec Madame

de

de **L. V.** & laiſſa au Chevalier ſa voiture
dans la quelle il me fit monter, & me
conduiſit à l'appartement qu'il m'avoit re-
tenu.   Je n'y trouvai pas cette magnificence avec la quelle Robinel avoit pourvu à mon ameublement, mais en recom-
penſe, & pour ſuplément d'un riche apareil j'y trouvai un cœur plein de feu &
tout à moi.   Si toſt que nous eumes mis
pied à terre, j'entrai dans une petite maiſon dont les dehors n'étoient pas fort apparens, & après avoir traverſé un jardin
aſſés ſpacieux, je trouvai deux jolis appartemens de plein pied ou je devois faire
mon ſejour pour quelque tems. Apeine
y fus-je entrée, que l'amoureux Chevalier
me fit aſſeoir ſur un lit à la Ducheſſe ou il
m'exagera l'exçés de ſon amour, & me
ſomma avec cet air de langueur, qui ex-
prime ſi bien le reſpect & la tendreſſe, de
couronner ſes feux.   Il ne m'auroit pas
convenu, après l'aveu que je lui avois fait
de mes égaremens, de trancher de la Veſ-
tale; ainſi je ne crus pas à propos de me
faire un merite de ma prétendue complaiſance, puiſque ma ſatisfaction excedoit
peut-être de beaucoup la ſienne.   En un
mot, pour en venir à une courte concluſion,
je ne lui laiſſai pas le tems de beaucoup
ſou-

foupirer, & lui abandonai fans referve tous
mes charmes qui faifoient le plus cher objet de fes vœux. Il les parcourut d’un
œil avide, & fans s’arrêter à une longue
revifion, il alla d’abord au fait. Comme
je ne me donnois pas pour novice, il auroit été de mauvaife grace d’affecter le
ridicule, auffi je me prêtai de la meilleure
grace du monde à partager avec lui un
travail dont il paroiffoit difpofé à faire tous
les fraix. Ah! puis-je me reffouvenir fans
les plus vifs tranfports de fes expreffions,
de fes careffes, en un mot de ces precieux inftants ou ma raifon & la fienne
confondue fe repandoit en foupirs entre-
coupés de tendres embraffemens qui fe
terminerent par une letargie reciproque
qui fufpendit affés longtems l’ufage de fes
fens, & les miens. Revenu à lui, il n’en
fit ufage que pour recomencer ce doux
exercice; & fi ma raifon n’eut fervi de
frein à fa paffion, j’ignore quelle auroit été
la conclufion de fon ardeur.

Satisfait de fes exploits, il me donna mille & mille baifers, & remonta dans la chaife pour reprendre Valincourt & le rame-
ner à fa maifon. Il me promit en partant
de revenir le plûtôt poffible. Je le fommai
de fa parole. Il partit, & fut en diligence

chez

chez Madame de L. V. Comme il étoit déja assés familier dans la maison pour n'avoir pas besoin d'introducteur, il enfila les appartemens dont les portes mal fermées lui fournirent l'occasion de surprendre Madame de L. V. qui dans une atitude des plus singulieres, prénoit des ébats avec Valincourt, qui surpassoient la familiarité ordinaire. A cet aspect, il prit son parti en galant homme, & se retira, jugeant bien qu'un troisieme devenoit surnumeraire. Le Chevalier, plus que satisfait de cette découverte, retourna sur ses pas, & descendit au jardin, pour ne pas, par sa présence hors de saison, leur ôter le loisir de se remettre de l'émotion & de la surprise dans un pareil débat. Il fit plusieurs tours d'allée, & ne sçavoit s'il se resoudroit à se representer devant Madame de L. V. qui sans doute ne le regarderoit pas de bon œil après une pareille avanture: Car enfin cette surprise étoit de nature à être irremissible, & surtout par une femme. Valincourt, qui vint au devant de lui, le tira d'embarras. Le Chevalier, le voyant venir les bras ouverts, ne put s'empêcher de rire. Cher Fetigni, lui dit Valincourt, tu es dépositaire d'un grand secret que je

ne

ne t'eusse jamais confié si tu ne l'avois sur-
pris; & je crois que tu garderas un inviolable silence sur ce que mon imprudence
t'a fait apercevoir ; car je t'avouerai
franchement que la pauvre Dame n'a suc-
combé que par mes artifices. Tu sçais
que, quand tu fus parti avec Juliette, je
restai auprès d'elle. Nous raisonames
longtems ensemble sur ton amour & sur
les suites qu'il pouroit avoir. De fil en
aiguille la conversation s'anima ; elle prit
ton parti, & plaignit Juliette; Elle me
dit même, avec feu, que les femmes é-
toient à plaindre dans de certains momens, & qu'il s'en rencontroit ou, même les plus vertueuses, ne pouvoient résister. Le rouge, qui lui monta au visage,
me fit présumer qu'elle se trouvoit placée
au point de la These qu'elle disputoit.
J'entrai dans son raisonement, & essaiai de
lui prouver que, vis-à-vis d'un homme
discret, l'honneur d'une femme ne cou-
roit aucun risque pour une foiblesse de
complaisance. Elle refuta mon argument
par des raisons assés solides, & même convaincantes ; mais je ne me rebutai pas, &
je la reduisis par degrés, & après plusieurs
efforts que je rendis inutiles, non pas à
se rendre par capitulation, mais à souffrir

K 4

un

un affaut. Tu peux, cher ami, juger de
ma fatisfaction après un fi charmant ex-
ploit. Sans doute mon bonheur auroit
été incomparable fi ta prefence inopinée
n'avoit jetté dans fon cœur un trouble qui
lui a fait perdre tout fentiment. J'ai tâché
de la confoler fans avoir pu réuffir. Elle
m'a accablé, dans fon premier mouvement, de mille épithetes affreufes; après
quoi, fe radouciffant, elle m'a prié, à
mains jointes, de courir après toi pour,
ou t'arracher la vie, difoit-elle, ou tirer
de toi un ferment affreux qui la put tranquilifer, & mettre fa réputation en fure-
té. Je ne te propofe pas, comme tu
vois, de t'oter du nombre des Vivans,
mais du-moins j'exige que tu gardes le fecret jufqu'à ce que les chofes foient fur un
pied à n'en plus avoir befoin; Car je te
dirai franchement que, pour la calmer, je
lui ai offert de changer le titre d'amant en
celui d'époux. Elle n'a pas paru éloignée
de s'y prêter: Le parti au-refte n'eft pas
indifférent; elle eft encore jeune & belle,
& jouit d'un bien affés confiderable. Le
mien eft équivalent. Je ne dépens de
perfonne, & maître abfolu de mes volontés, je ne vois rien qui me gêne & qui
m'empêche de former un établiffement

fosolide. Fetigni approuva ſes raiſons, & lui promit un ſecret qu'il a gardé juſqu'après leur mariage qui ſe conclut ſix ſemaines après cette avanture, & que je n'ai ſçu qu'alors.

Valincourt, après s'être aſſuré du ſecret de la part de Fetigni, retourna auprès de Madame de L. V. la tranquiliſa, & prit congé d'elle. Je commençois déja à être inquiette ſur la longue abſence de mon cher Chevalier qui m'avoit promis un prompt retour, lorſque je le vis arriver avec Valincourt. Ce dernier m'aborda avec un air de contentement qui ne lui étoit pas ordinaire. Il me felicita, avec eſprit, ſur la ſatisfaction que je devois reſſentir d'être à la fin, après bien des traverſes, réünie à ce cher amant qui avoit fait ſi longtems l'objet de mes vœux & de mes ſoupirs. Après une entrevüe très enjouée, il voulut ſe retirer ; mais Fetigni le retint à notre ſouper qui étoit un petit repas de nôces dont la ſeule delicateſſe avoit fait les apprêts. Nous nous ſeparames fort avant dans la nuit. A peine fus-je en liberté avec mon cher amant, que je le priai de me procurer la connoiſſance de la perſonne qui avoit été la cauſe innocente de ſon differend avec Va-

lin-

lincourt. Il me le promit, & dés le lendemain me tint parole. Mon preſſentiment ne m'avoit pas trompée, & j'avois deviné juſte. C'étoit Mademoiſelle Victoire elle même. Si ma ſurpriſe fut grande, ſon étonement ne fut pas moindre. Notre premier mouvement, après nous être embraſſées, fut de nous faire confuſément quantité de queſtions aux quelles il nous étoit aſſés difficile de repondre. Mais, après que ce premier flux fut paſſé, nous nous entretinmes à loiſir. Je lui racontai tout ce qui m'étoit arrivé depuis notre ſéparation, & lui demandai ce qu'en avoit dit Robinel. Elle ne commença ſon recit qu'après pluſieurs, mais legers, reproches ſur la perfidie avec la quelle je lui avois enlevé ſon amant. Je convins de mon tort, & la priai de venir au fait. Je le veux bien, dit-elle, & pour ne vous rien laiſſer ignorer, j'entrerai dans le détail des moindres circonſtances.

A peine eûtes vous le dos tourné, que Robinel s'en apperçut. Ses premiers mouvemens s'évaporerent en ménaces & en imprécations. Il ne parloit que de vous faire arrêter & mettre dans une maiſon de force. Il prenoit des méſures très
ſe-

férieufes pour faire courir fur vos pas, lorfque réflechiffant que je perdois également mon amant, je réfolus d'en faire ma conquête, afin de ne pas refter vis-à-vis de rien, fans reffource, expofée aux reffentimens de Monfieur de Mirande mon frere. Je l'arrêtai dans fes pourfuites, & lui reprefentai le ridicule que lui donneroit dans le monde une fi comique avanture. Il goûta mes raifons, & après un moment de reflexion, comme nous étions feuls vis-avis l'un de l'autre, il me prit à braffe-corps & me jetta fur un lit ou il déchargea fur moi toute fa colere. La longue Experience que j'avois dans cet exercice me fit faire bien des avances qui foulagerent beaucoup le pauvre Robinel le quel fe releva tout fier de fon Triomphe. Chere poulette, me dit il en m'embraffant, va, ne fois point inquiette, j'aurai foin de toi; Tu en vaux bien mieux la peine que cette petite coquine pour qui j'ai eu tant de bontés. Ce n'étoit qu'une morveufe qui ne connoiffoit pas la valeur d'un homme de mon encolure; & pour appuyer fes promeffes, il me tira une bourfe de cinquante louis qu'il me donnoit, difoit-il, pour mes mênus plaifirs, & qu'il pourvoiroit a mon entretien;

Quant

Quant au logement, il me dit, que je n'avois qu'à refter dans celui d'ou vous aviés difparu, & qu'il me faifoit prefent des meubles. Un fi beau début me plut infiniment. Il étoit même trop flateur pour durer longtems; auffi ne m'amufois je pas a faire des dépenfes frivoles. Je menageois mon argent, & me faifois une bourfe ou je trouverois une poire pour la foif. Bien m'en a pris, comme vous l'allés voir, & l'évènement juftifia mon œconomie. Il y avoit deja prés de cinq mois que nous vivions enfemble dans des plaifirs tranquiles & fans trouble, lorfque Robinel s'avifa de fe broüiller avec la juftice pour une affaire dans la quelle il fut accufé de malverfation. La conviction fuivit de prés l'accufation, & fa partie avoit obtenu un décret de prife de corps contre lui, en vertu du quel il devoit être referré & jugé. En homme fenfé, il prit les devants, & s'éfquiva à tems. On mit le fcellé fur fa maifon; & moi, de peur qu'on ne me compliquat dans fa malheureufe deftinée, & que, par une fuite de perquifitions, on ne vint à découvrir qui j'étois, je me défis, le plus promtement qu'il me fut poffible, de mes meubles, & pris furtivemens la route d'Orléans, fans fçavoir dé-

ter-

terminément de quél côté je tournerois. Je renouvellai connoissance, en chemin, avec une Demoiselle qui avoit été mise au Couvent dans le même tems que moi. Charmée de la revoir, je lui fis une entiere confidence de tout ce qui m'étoit arrivé. Comme nous avions été fort unies ensemble, elle me conseilla de ne point divulguer aucune des circonstances que je lui avois avouées, & qu'elle me donneroit un azile chez elle ou je vivrois dans l'*incognito* tant qu'il me plairoit d'y démeurer. Je n'ai pas refusé ses offres, & je vis avec elle depuis quinze jours. Voila ce qu'elle me conta de ses avantures.

Je lui demandai qu'elle étoit son intention, & comment elle prétendoit se conduire à l'avenir; elle me repondit fort ingenuement que cette question l'embarassoit. Le recit qu'elle venoit de me faire exigeoit du retour de ma part; aussi je ne me fis pas prier pour satisfaire sa curiosité. Je lui racontai exactement la vie que je menois, & la résolution que j'avois prise de me travestir pour suivre mon amant à Malthe ou il devoit passer incessament. Elle me dissuada cette métamorphose, & s'offrit de m'accompagner en qualité de Tante, si le Chevalier y vouloit consentir.

Je ne pus rien prendre sur moi, ne sa-
chant pas quelles seroient ses intentions;
mais je lui promis que je le consulterois,
& la priai de venir le lendemain me voir,
qu'alors je lui donnerois une reponse,
& qu'elle devoit être bien assurée que je
ferois mon possible pour lui obtenir sa demande. Je ne manquai pas effectivement,
dés que je fus de retour chés moi, d'en
parler à Fetigni. Il trouva que cette proposition étoit assés sensée, & il ne restoit
plus à lever qu'une objection pour le déterminer, sçavoir que si Mademoiselle
Victoire n'étoit pas munie d'une somme
d'argent raisonable il envisageoit que ce
double entretien lui seroit fort dispendieux
dans une isle ou il présumoit que tout devoit être assés chèr, puis qu'il le falloit
tirer des terres voisines, qu'au - reste
pour peu qu'elle voulut s'aider d'un
travail honête, il y consentoit d'autant
plus volontiers, que ce seroit une compagnie pour moi. Mademoiselle Victoire ne manqua pas le lendemain au rendés-
vous que je lui avois donné. Ma reponse
la satisfit. Elle me dit que, pour calmer
les inquiétudes du Chevalier au sujet de sa
dépense, elle avoit suffisament de quoi
s'entretenir une couple d'années, & qu'a-
vant

vant l'expiration de ce tems il y auroit bien
du malheur s'il n'arrivoit du changement
dans sa fortune. Nôtre résolution étant
prise, nous primes nos arrangemens pour
nôtre prochain départ. Le Chevalier,
de son côté, mit ordre à toutes ses affaires, & se disposa à partir pour Marseil
ou il devoit trouver un embarquement.
Nous fimes la route du monde la plus gra-
tieuse. Mademoiselle Victoire, qui se
dépaïsoit, & qui se voloit à même de
paroitre au grand jour sans courir aucun
risque, étoit pleine de saillies qui nous di-
vertissoient infiniment. Comme rien ne
nous pressoit, nous nous arrêtames quelques jours à Avignon ou Fetigni nous laissa. Il se rendit à Marseille ou il nous retint un logement que nous trouvames prêt
en arrivant dans cette Ville. Le séjour
que nous y fimes fut d'une quinzaime de
jours pendant les quels nous goûtames
tous les plaisirs imaginables en attendant
le moment critique qu'il fallut nous embarquer. Le Vaisseau sur lequel nous devions passer étoit à (*) l'Estaque à attendre

(*) C'est une rade foraine au dessus des nouvelles infirmeries, ou les vaisseaux qui sont tout
prêts à partir mouillent, en attendant le vent favorable.

dre le vent, de forte que, pour nous y rendre, nous fumes obligés de nous fervir d'un bateau pour faire ce trajet. Le vent qui étoit affés frais ne fe faifoit pas fentir dans le baffin, mais nous n'eumes pas plu-toft paffé le Fort St. Jean, que les vagues qui agitoient nôtre bâteau nous fouleve-rent incontinent le cœur, & nous firent évacuer abondament par le haut tout ce que nous avions dans le corps; mais cela n'étoit encore qu'un échantillon de ce qui nous attendoit. A peine fumes nous par le travers du Château d'If, que le vent qui fraichiffoit nous fit effuyer une bou-rafque violente. Les flots, qui de tems en tems venoient fe brifer fur l'avant de no-tre barque, nous fouettoient de l'eau falée fur le vifage dont une partie m'entroit dans la bouche. Enfin je me croiois au dernier moment de ma vie; & il me fem-bloit à chaque inftant que nous allions être englouties dans les ondes. Tout ce que les Bateliers pouvoient dire pour nous raf-furer étoit inutile. J'étois languiffante; un mal de cœur des plus violens, avec des efforts épouventables pour tirer quelque chofe de mon Eftomach vuide, me redui-foit dans le cas d'une perfonne mouran-te. Mademoifelle Victoire étoit à peu

près

près dans le même Etat , & le pauvre Chevalier, qui n'en étoit pas exemt lui même, faisoit d'inutiles efforts pour nous soulager. Enfin nous arrivames à l'Estaque ou nous mimes pied à terre , & le Vaisseau ne devant mettre à la voile que le lendemain, nous couchames dans un fort mauvais cabaret qui étoit à nos yeux un palais Enchanté en comparaison du bateau que nous venions de quitter, & ou nous avions été si bien secoués. Nous y primes un repas assés bon qui servit à nous fortifier l'estomach contre les attaques que le mal de mer lui avoit portées. Nous couchames dans de fort mauvais lits ou il nous fut impossible de fermer l'œil. Le moment du depart arriva, & le Capitaine nous conduisit a bord dans son Canot. Le Chevalier paia nôtre passage sur le pied de deux Demoiselles de ses amies & de ses connoissances qui alloient a Malthe pour y recueillir la succession d'un proche parent dont elles étoient les uniques heritieres , & de peur d'indiscretion de la part d'un domestique , il n'en avoit pas mené avec lui, se réservant d'en prendre un sur les lieux , qui connoitroit la ville, & le langage du Païs. Nous apareillames avec un Vent favorable qui nous mit

L

en

en huit jours de navigation à la vüe de l'ifle defirée. Comme nous n'eumes pas de vent forcé, & que nous allames toujours vent arriere nous n'effuyames prefque pas de roulis; ainfi nous en fumes quittes pour un jour de mal de cœur; après quoi nous jouimes d'une parfaite fanté.

Le Chevalier n'attendit pas que le vaiffeau fut ancré, il fe fit mettre à terre avec une Efquif qui étoit venue du fond du port pour prendre les paffagers, & nous fut chercher un logement chés un bourgeois ; après quoi il revint à bord pour nous conduire dans notre domicile. Il étoit environ midi quand nous quittames le batiment, de forte qu'après nous avoir inftalé dans nos appartemens, il fe retira, & nous ne le vimes plus de tout ce jour la. Le lendemain il fut fort exact à nous rendre vifite, & continua fes affiduités avec beaucoup d'exterieur. Il paffoit toutes les après diné avec moi, & avoit beaucoup d'Egards & d'attentions pour Mademoifelle Victoire qui fe louoit extrêmément de fes bonnes façons. Nous vivions tranquiles & ignorées lorfque ma bonne amie fit une connoiffance, & en même tems une fortune. Un jour qu'elle
for-

sortoit de l'Eglise ou elle étoit allée seule, elle fut suivie par un Monsieur qui la reconduisit jusque chez elle, & qui la quittant très respectueusement à la porte, lui demanda la permission de la venir voir; Elle lui repondit fort civilement que n'étant pas absolument sa maitresse, elle ne pouvoit disposer d'elle même au point de recevoir des Visites d'un inconnu. Cette reponse ne le satisfit pas quoiqu'il parut en être content & il se retira. Elle ne fut pas plutôt entrée, qu'elle me conta cette avanture dont nous fimes part à Fetigni lors de sa visite à l'heure acoutumée. Il conseilla à Mademoiselle Victoire d'user de beaucoup de reserve, & de retourner plusieurs jours de suite à pareille heure à la même Eglise, & qu'infailliblement elle y rencontreroit cette personne, qui ne manqueroit pas, sans doute, de la suivre, & qu'alors s'il lui offroit de réchef une visite, elle devoit la lui permettre. Elle suivit le conseil du Chevalier; & ce qu'il avoit prévu arriva. Cet homme étoit un naturel de l'Isle, de Complexion fort chaude, & qui au premier aspect de Mademoiselle Victoire en étoit devenu éperduement amoureux. Il debuta dans sa premiere visite par des offres très avanta-

geux

geux & des propos affés flatteurs, aux-
quels elle ne repondit que fort indifferem-
ment. L'amoureux Maltois qui l'avoit
d'abord regardé comme un amufement
de paffage, trouva beaucoup à rabattre de
fon calcul, & changea de ton ; il parla de mariage & fut écouté. Son amour fut court.
A la douzieme vifite, les premiers bancs
furent publiés & les quinze jours expirés
les Epoufailles furent celebrés avec beaucoup d'apareil, & Mademoifelle Victoire
devint Madame Coupari. Son Mari étoit
un vieux garçon, devot à la façon Italienne, c'eft à dire bigot, qui jouiffoit d'un
bien fond affés confidérable pour s'en faire cinq mille livres de rente. La vuë de
ma bonne amie lui fit naitre du premier
moment une averfion, & un degout pour
le célibat au quel il jura dès lors de renon-
cer en fa faveur. Il en a fait fa femme.
Ils vivent tres unis l'un avec l'autre, & par
un bon contrat, il l'a laiffe héritière univer-
felle de tous fes biens. Elle ne ceffe d'exalter
fa complaifance & fes attentions continue-
les. Cet établiffement me fepara d'avec ma
Compagne & me reduifit à vivre feule vis-
avis de moi même. Fetigni alors me fit
prendre pour Servante une jeune Siciliene
alerte, & fort vive, avec la quelle j'eus

bien-

bientoſt appris la langue Italiene; car elle n'en parloit pas d'autre. Je paſſois les matinées à la broderie, & les aprés dinées avec mon cher amant. Ce train de vie me paroiſſoit extrêmement doux, & j'y trouvois des charmes qui m'avoient été juſqu'a lors inconnus. Mon ſort étoit agréable, & j'étois ſurpriſe qu'il eût été ſi longtems ſans traverſe, lorſque je vis venir un jour Fetigni chés moi, de bon matin contre ſon ordinaire avec un air triſte qui ne me préſageoit rien de bon. Effectivement, il venoit m'anoncer qu'il avoit ordre de s'embarquer pour faire ſa premiere caravane ſur un vaiſſeau de la Religion de Malthe, qui alloit croiſer ſur les côtes d'Italie pour y donner la chaſſe aux corſaires de Barbarie qui infeſtoient ces paſſages par leurs brigandages. Cette nouvelle fut pour moi un coup de foudre que je ne pouvois parer, & il fallut de bonne grace me réſoudre à ce que je ne pouvois empêcher. Nôtre ſéparation fut tendre. On peut bien ſe l'imaginer, & elle ne ſe fit pas ſans larmes. Me voila donc encore une fois ſéparée de mon amant, dans des inquiétudes mortelles à ſon ſujet. Sitoſt qu'il entroit un Vaiſſeau dans le port, je volois au rivage m'informer ſi ce n'é-

toit

toit pas celui sur le quel il étoit. Enfin il arriva ce cher navire après deux mois & demi de course & conduisoit avec lui deux chiebeks Algeriens dont il s'étoit emparé à la Hauteur du Cap Tolaro. Je revis mon amant, plein de santé, mais juste ciel avec qui! en quelle compagnie? grand Dieu! il étoit avec Durreville ce perfide, qui non content de m'avoir enlevé mon petit thresor, avoit encore voulu m'arracher la vie, après avoir massacré impitoiablement l'innocente Gertrude à mes côtés. Quelle revolution dans mon cœur à la vüe de ce scélérat! Cependant le croiroit on? La prudence l'emporta sur la haine, le ressentiment & mon amour. Je vis mon amant mettre pied à terre, & le reconnus avant qu'il m'eut remarquée; ainsi j'eus le tems de retourner chés moi le plus promptement qu'il me fut possible affin qu'il ne m'y devançat pas. Mon émotion étoit si grande, que mes jambes me trainerent pluftoft qu'elles ne me porterent. J'y arrivai à la fin, & me livrai à mille cruelles inquiétudes.

Si je déclarois l'avanture au Chevalier, c'étoit le porter sans doute à quelqu'extrémité fâcheuse qui l'entraineroit infailliblement dans une mauvaise affaire dont je

pourrois être la victime. D'un autre côté poursuivre Durreville par la voye de la justice, le faire atrêter comme assassin, comme voleur, c'étoit me décéler. Nécessairement; il auroit fallu une confrontation qui en entrainant ma perte par un éclat fâcheux pour mon amant, auroit encore été la ruine de Madame Coupary. Le cas étoit épineux, la Vengeance douce, mais les suites ne m'offroient qu'un résultat des plus tristes. Apeine avois-je combiné ces raisonemens, que le Chevalier entra. Mon air triste le frappa. Il m'en demanda la cause avec empressement. Je lui répondis que cela provenoit d'une légère indisposition qui m'avoit travaillé toutte la nuit, & que sa présence & son heureux retour dissiperoit sans doute.

Je lui demandai comment il s'étoit porté dans son voyage; s'il ne s'étoit pas ennuyé sur mer, & s'il n'avoit pas fait quelque connoissance dans le vaisseau qui l'eut aidé à dissiper son ennui. Il me répondit qu'oui. C'étoit là positivement où je l'attendois. J'ai lié une étroite amitié, me dit-il, avec un jeune homme fort aimable, qui se dit gentilhomme du Dauphiné, qui voyage pour son plaisir en Italie, & que la Curiosité de voir Malthe y a

con-

conduit. Il étoit à Siracuse quand nôtre
Vaisseau y moüilla. Il s'informa d'ou
nous Etions, & ou nous allions. Sur ce
qu'il apprit que nous étions à la fin de nôtre croisiere, & que nous allions retourner à Malthe, il vint à bord & pria notre
Capitaine de lui donner passage & à son
Domestique. Comme ces demandes ne se
refusent ordinairement pas sur des Vaisseaux de guerre, nôtre Capitaine lui accorda très poliment la sienne. Il n'y a-
voit que deux jours qu'il étoit dans nôtre
bord quand nous découvrimes un gros batiment Algerien avec deux Chiabecks.
Nous mimes aussi tost le (*) Cap sur eux
& les joignimes à la portée du Canon en
moins de trois heures de chasse. Alors
nous commençames un Combat qui ne fut
pas long, mais assés violent. Nôtre artille-
rie, qui faisoit un feu très vif, n'empê-
choit pas la leur. Le gros vaisseau cependant, qui étoit le plus éloigné, jugeant que ce seroit envain qu'il voudroit
résister s'il nous donnoit le tems de l'ap-
procher davantage, fit force de Voile &
dis-

(*) Ce terme est marin & signifie la Proüe;
C'est-adire, nous tournames notre route sur eux,
pour les atteindre.

disparut à nos yeux. Ses deux conſerves ſe voyant abandonnées de leur Eſcorte, voulurent en faire autant. Elles s'y prirent trop tard. Nous nous en rendîmes les maitres. Nous les avons amariné, mis les équipages aux fers, & les avons conduis ici. La Valeur que j'ai remarqué dans ce paſſager m'a fait rechercher ſon amitié ; & dans le fond je n'ai jamais vu un homme ſi jovial. Il n'eſt jamais ſans rien dire. Sans être babillard, & ſans étourdir ſon monde, il ne le laiſſe pas dans un ſilence morne. Si ce n'eſt un petit conte fait à propos qu'il recite avec grace, c'eſt un Vaudeville qu'il chante avec toute la delicateſſe poſſible. En un mot il eſt d'une compagnie charmante. Je dois demain l'inviter pour venir vous rendre une viſite, & en même tems vous faire voir des joyaux qu'il à avec lui, & dont il fait commerce, ayant mieux aimé, dit-il, ce trafic, que des lettres de change dont la negociation l'auroit peut-être ſouvent embaraſſé.

L'offre étoit gratieuſe de la part de Fetigni, & les conſéquences dangereuſes. Je ne pouvois me reſoudre à recevoir une pareille viſite. Pour en éluder le moment critique & peut-être tragique, je

priai

priai mon amant de me difpenfer de voir
fon ami, lui difant que je ne voulois point
recevoir d'homme chés moi ; qu'aurefte
s'il étoit fi poli, il lui confieroit bien fon
Ecrin pour une demie heure tout au plus,
& que s'il lui faifoit quelque difficulté de
fe fier à lui, il le priât tout au moins de
les lui montrer, pour y choifir s'il n'y auroit pas quelque chofe de fon goût dont il
put faire prefent à une de fes parentes,
dont la fête aprochoit. En même tems
que je donnois ce confeil au Chevalier, je
lui dépeignis une branlante & une paire de
boucles d'oreilles de diamants, que j'a-
vois fouvent portées & qui étoient dans
mon carré lorfque Durreville m'enleva tous
mes bijoux. Sans lui donner cet éclairciffement, je me contentai d'avoir de-
claré mon goût, & lui fis entendre que de
pareils joyaux me feroient plaifir & que fi
fon ami en avoit de femblables, je ferois
charmée de les voir. Fetigni me promit
avec tranfport (car c'étoit la premiere
chofe que je lui demandois) que fi ce que
je defirois ne fe trouvoit pas chés fon ami,
il ne manquoit pas de jouallier dans la Ville chés qui il le pourroit ou achetter, ou
du moins le commander. Des Prunieres
c'eft ainfi que fe faifoit appeller Durreville
ne

ne fit aucune difficulté de confier fes diamans au Chévalier qui me les aporta avec
une fatisfaction incroyable. Apeine eus-
je jetté les yeux deffus, que je reconnus
mon bien. L'émotion de mon vifage, &
l'avidité avec la quelle je me faifis de tout
ce que je voyois, & qui m'appartenoit,
fit entrer mon amant dans des foupçons
dont il me demanda l'explication. Il n'é-
toit plus tems de feindre, les larmes aux
yeux. Je lui parlai en ces termes.

Cher Fetigni je ne vous ai pas deguifé
mes engagemens avec Robinel, & mes
égaremens avec Durreville. Il s'agit maintenant de diffimuler, & furtout d'ufer de
beaucoup de prudence, & de retenue
dans les circonftances prefentes. Elles
font critiques. Il s'agit de ne point vous
Expofer ni moi non plus. Celui que vous
connoiffés fous le nom de des Prunieres
n'eft autre que Durreville. Ces joyaux
font les miens. Reconnoiffés la branlante
& les boucles d'oreilles que je vous avois
dépeint pour me les apporter s'il en avoit
de femblables. Suivés mon Exemple
& réglés vous fur ma moderation. J'é-
tois fur le port, lorfque vous débarquates
& je vous y vis avec Durreville que je
reconnus parfaitement. Ma raifon prit

le

le deſſus de mon amour, & comme je
n'aurois pu me preſenter à vous ſans Etre
reconnüe de lui, contre qui je me ſerois
portée à de fâcheuſes extrémités, j'ai
mieux aimé ſacrifier mes premiers mouvemens à un reſſentiment hors de ſaiſon
qui nous eût été funeſte à tous les trois.
Voila ce dont il s'agit.   A l'égard de mes
diamans, je ne les rendrai pas. C'eſt à
vous maintenant à diſpoſer les choſes
de façon qu'elle ſe terminent ſans éclat.
A ce recit Fetigni tomba de ſon haut;
néanmoins il modera ſes emportemens &
ſe détermina pour la douceur.   Nous re-
ſolumes que je lui écrirois un billet de
ma main & Madame Coupary un autre.
Il connoiſſoit nôtre Ecriture ; ainſi il y
avoit toute aparence que ſe ſçachant ſi
proche de deux perſonnes dont le témoi-
gnage & les dépoſitions pouvoient le faire monter ſur un Echaffaut en cas qu'elles le citaſſent en juſtice, il prendroit le parti de la fuite ſans autre démarches, trop
content encore d'avoir la Vie ſauve.   Je
lui Ecrivis ce billet.

Il faut que le crime vous aveugle bien ;
Barbare que vous êtes pour venir vous mêmes
vous jetter dans le precipice. Croyés moi,
fuyés de ces lieux. Satisfaite d'avoir retrou-
vé

vé mon bien, je consens à vous sauver la vie; & si vous n'obeissés promptement (car j'ai des gens qui dés ce moment examinent vos démarches) je me couvrirai de honte par l'aveu de ma foiblesse, qui me deviendra glorieuse, puisque j'en aurai triomphé pour faire purger la terre d'un scélérat indigne de jouir de la lumiere. Reconnoissés la main de Juliette, & redoutés son couroux qui est prest à éclater.

Dès que j'eus fini ce billet, je fus trouver Madame Coupari. Elle étoit seule. Après le debut ordinaire dans une visite d'amie, je lui demandai si elle ne vouloit pas acheter quelques joyaux, que j'en avois de beaux de rencontre à lui faire voir. Eh bon Dieu! s'écriat-elle en les voyant, ce sont ceux que je vous remis, Mademoiselle, de la part de Monsieur Robinel! Eh par quel Hazard vous sont-ils revenus entre les mains ? C'est ce que je viens vous apprendre, lui repondis je en lui donnant à lire le billet que j'avois dans ma poche. Son étonement & sa surprise furent des plus grand. Elle connut bien de quelle consequence il étoit pour elle que ce scélérat disparut; aussi elle ne se fit pas beaucoup prier pour lui écrire un billet dont voici la teneur.

Quoi

Quoi Perfide est-ce à dessein de troubler mon repos & ma tranquilité que tu viens me poursuivre ici ? Si tu le penses, tu te trompes. Sçache que je suis informée de tes forfaits, & que résolue à ne rien épargner pour faire chatier un scélérat de ta trempe, je vais tout mettre en usage pour ne pas laisser tes crimes impunis. Crois moi, une prompte fuite est l'unique & le plus salutaire moyen de te soustraire au dernier suplice. C'est l'avis de Juliette, & celui de la mere sainte Sophie.

Nous lui envoyames ces lettres par une personne affidée qui devoit feindre ne pas connoitre ceux ou celles de qui elle les avoit reçue. Nous lui avions expressément recommandé d'examiner le maintien & le Visage de Durreville lorsqu'il en feroit la lecture. Elle s'aquita à souhait de la Commission, & nous raporta qu'a la lecture de la premiere lettre, il avoit changé plusieurs fois de couleur, & avoit paru agité de mouvemens extraordinaires, jusqu'a écumer par la bouche, qu'elle n'en avoit pas vu d'avantage, mais qu'un moment après elle l'avoit vu prendre le chemin du port ou vrai semblablement il étoit allé pour s'embarquer sur une de ces felouques qui partent a touttes les heures du jour pour la Sicile. Cette nouvelle me rassura.

Car

Car après ce que je venois de faire, il ne devoit plus douter un moment que je ne fuſſe entre la bras de Fetigni, & comme je connoiſſois par ma propre expérience Durreville pour un homme à tout entreprendre, j'apprehendois que par quelque coup de traitre, il ne tranchât les jours de mon amant, & qu'il ne réuſſit mieux avec moi, que la premiere fois. Le lendemain j'envoyai ſous main dans ſon auberge m'informer de ce qu'il étoit devenu. On répondit qu'il étoit ſorti la veille avec beaucoup de precipitation, & qu'il avoit averti ſon hôte d'avoir ſoin de ſes hardes, qu'il retournoit promptement en Sicile, à Siracuſe, ou il avoit oublié, diſoit-il, des papiers de la derniere importance, & deſquels ſa fortune dépendoit; qu'en cas qu'il ne revint pas dans la huitaine les chercher lui même, on eut à les remettre à qui conque les viendroit demander de ſa part.

Le Chevalier, Madame Coupari & moi nous nous félicitames du ſuccès du Strata-gême qui nous avoit debaraſſés d'un coquin dont nous aurions euës tout à appréhender. Je me félicitois, en mon particulier, du bonheur imprévu avec le quel la Providence m'avoit fait retrouver mes joyaux. Ce recouvrément d'un bien que je

comp-

comptois perdu, & au quel même je ne fongeois plus me mit vis-avis d'une petite fortune. Par là je me voyois, en cas de malheur de la Part de mon amant, en état de vivre à mon aife, & de trouver un établiffement honête. Outre les prefens que je tenois de fa générofité, mes diamants montoient bien à la fomme de plus de foixante mille francs. Cette augmentation falutaire apporta un grand changement a ma fortune. Je n'en devins pas pour cela plus fiere à l'égard de mon amant; car ce n'étoit nullement par interêt que j'avois fuivi fa deftinée. Deux ans s'ecoulerent ainfi fans troubles, & nous vivions heureux. La mort de fon père qui arriva dans ce tems l'obligea de repaffer en France avant le tems de fes caravanes finies pour y regler les affaires de fa fucceffion. Nouveau fujet d'allarmes. Nouvelles inquiétudes pour moi. Malgré deux abfences, je n'y étois pas encore accoutumée; il fallut cependant m'y réfoudre. Fetigni profita du premier Vaiffeau qui partoit pour France & me fit des adieux qui m'annonçoient intérieurement que je ne le reverrois plus. J'en avois un fécret preffentiment, & je ne me trompois pas.

Occupée de mes idées, je paffois des
jours

jours languiſſans. Deux mois s'ecoule-rent ainſi, ſans que ma douleur diminuât. Je fus enfin éclaircie de mon ſort. Je reçus une lettre du Chevalier que j'ouvris en tremblant. Qu'y lus je, Grands Dieux! il me diſoit un Eternel adieu; & me mar-quoit que, forcé par ſes parens à contracter une alliance extrêmément avantageuſe, il alloit travailler à ſe faire rélever de ſes vœux, & à remercier l'Ordre. Cette lec-ture fut pour moi un coup de foudre. Je fus ſur le point de me précipiter; mais faiſant tout à coup refléxion qu'il y avoit plus de grandeur d'ame à réſiſter à l'infor-tune qu'à y ſuccomber, je ſuſpendis mes tranſports, & eus recours aux armes or-dinaires de mon ſexe. Je verſai des lar-mes en abondance, leger ſoulagement pour un cœur reduit à un déſeſpoir frivo-le, qui tout bien conſideré ne me condui-roit à rien. Après la perte de ma Mère je pouvois bien ſupporter celle de mon a-mant. La raiſon qui vint à mon ſecours me conſola. Je me reſolus de vîvre ſans éclat & dans mon petit particulier avec ma ſervante. Cette pauvre fille m'avoit tellement priſe en affection, qu'elle par-tagea ma douleur. Quand elle me voyoit rêveuſe & penſive, elle imaginoit tout au monde pour me tranquilifer. Je recevois des fréquentes vifites de Madame Coupari, & je lui en rendois pareillement. Son Mari, qui ne fçavoit rien de particulier à mon fujet, me regardoit fimplement comme une amie intime de fa femme. Un jour que nous étions tous les trois enfemble, je lui parus plus rêveufe qu'à l'ordinaire. Il m'en demanda la caufe. Je lui repondis naïvement que je n'en fçavois rien moi même. Tant pis, dit-il, maladie ignorée, maladie incurable: Gare l'amour! Ce propos, & ce mot d'amour me tirerent de mon affoupiffement. Quoi! lui dis-je, vous me parlés d'amour? Cela en verité vous fied bien. Ce n'eft pas pour moi, reprit-il; mais je penfe que vous feriés bien le fait d'un de mes amis qui eft peut-être le plus riche particulier de Meffine. C'eft un François, vieux garçon, comme j'étois quand j'ai epoufé ma femme. Le commerce étendu qu'il a fait pendant plufieurs années dans le Levant lui a jetté des biens confiderables. Je lui écrivis dernierement une lettre dans laquelle je lui demandois s'il ne fe fentoit pas d'envie de m'imiter. Il m'a répondu, l'ordinaire fuivant, qu'il fe fentoit de fortes difpofitions à fuivre mon Exemple,

mais

mais que le caractère Italien, incompatible avec l'humeur ordinaire des François, l'avoit toujours éloigné d'un établissement, & qu'il étoit fort résolu à n'en former un solide qu'avec une personne de sa nation & dont le caractère quadrat avec le sien. Comme il ne parle pas de se répatrier ; Mademoiselle, je crois que vous serés la seule personne qui puisse lui convenir. Voyés. consultés vous. J'ai occasion de lui écrire. Toute la lettre roulera sur votre sujet, & je ne manquerai pas de vous communiquer sa réponse.

Je vous suis obligée, Monsieur, lui dis-je, de l'interest que vous paroissés prendre à ce qui me regarde. Je consens à tout ce que vous ferés. Au-reste qu'elle difficulté trouverois-je à prendre un parti aussi avantageux que celui dont il s'agit ? Dans le fond, je ne parlois pas fort serieusement ; car je ne pouvois comprendre qu'une affaire aussi essentiele que le mariage se traitast à peu près comme une lettre de change. Comme son écriture au-reste ne m'engageoit à rien, je ne me pressai pas beaucoup pour en attendre la conclusion.

Il est dans la vie des événémens que toute la prudence humaine ne sçauroit prévoir,

voir, & dans les quels il paroit évidemment que la deſtinée ſe plait à ſe joüër des deſſeins les mieux concertés, & à faire réuſſir ceux qui ſont projettés au hazard.

Quelques jours après cette Viſite, Mr. & Madame Coupari m'en vinrent rendre une dont le ſujet étoit une réponſe venue de Meſſine, à mon occaſion, dont voici la teneur.

J'ai reçu, mon cher ami, votre derniere, en datte du 9. du courant. Je ne ſçaurois trop vous remercier de vôtre bon ſouvenir, & encore plus du zéle avec lequel vous penſés à me faire couler des jours heureux par une alliance de votre choix. Le mariage eſt une union dans la quelle on ne doit pas s'engager ſans de meures & ſerieuſes reflexions, néanmoins la confiance que j'ai en vôtre amitié, & en vôtre diſcernement, me font réſoudre à faire une avance à la perſonne dont vous me faites un portrait ſi flatteur. Comme je ne doute pas qu'il ne ſoit fidelle, vous m'obligerés de lui communiquer cette lettre & de lui remettre le preſent dont j'ai chargé le Patron de la felouque. Vous m'en accuſerés la réception, & s'il a été agréable. Votre reponſe avec deux lignes de cette aimable perſonne me determineront à profiter de la premiére occaſion pour al-

ler

ler lui rendre une Visite. Adieu. Mes obeissan-
ces à votre chére Epouse, & me croyés, à mon
ordinaire,

Mon cher Ami

Votre tres humble &c.

A cette lecture, dont un present confirmoit la réalité, mon étonnement fut
grand, je l'avoue. Le contenu étoit po-
sitif & les expressions nullement ambiguës.
Je ne fus pas longtems à me déterminer,
& à donner ma derniere résolution à Monsieur Coupari qui écrivit en consequence.
Que pouvoit-il m'arriver de plus heureux
dans l'état ou j'étois? J'avois, à la verité,
des joyaux que je pouvois réaliser, & j'en
avois deja entamé une pièce. Qui pouvoit m'assurer au-reste qu'après les avoir re-
trouvés d'une façon si extraordinaire, j'é-
tois à labri d'un autre événement pareil
au premier, qui me les raviroit peut-être
pour toûjours. Ces reflexions & plusieurs
autres encore plus solides m'avoient déterminé à me mettre, pour ainsi dire, à l'a-
bri des sinconstances de la fortune par
un établissement stable.
Nous attendions tous les jours les avis

de Monsieur Coulon (c'est le nom de mon pretendu). Trois semaines étoient déja passées sans en reçevoir aucune, & Mr. Coupari se disposoit à lui écrire de rechef, lorsqu'il arriva lui même, & donna à son ami le plaisir de la surprise. La mienne fut d'autant plus grande, que je n'y songeois pas absolument quand je le vis entrer dans ma chambre. J'etois occupée devant mon miroir à rajuster ma coëffure sans aucune affectation. Il m'aborda d'un air aisé, s'annonça lui même pour ce qu'il étoit par un petit compliment aussi galant que bien tourné. Je le reçus de mon mieux, & m'excusai à tout hazard sur son arrivée imprévüe. Ses réponses étoient remplies d'esprit & démontroient un homme formé aux manieres du monde par un long usage. Sa premiere vüe m'inspira de l'amour. Qu'on ne m'objecte pas ici que j'etois bien aisée à enflamer. Je le régardois déja comme un homme qui devoit être mon époux. Il étoit naturel qu'en cette considération, le cœur me dit quelque chose en sa faveur. Sa visite, qui fut longue, se termina par un compliment gracieux accompagné d'un baiser que je ne pus refuser. Monsieur Coupari voulut entrer pour quelque chose dans cet-

te

te premiere entrevue. Ils nous donna à
souper, & pour m'eviter, dit-il, la peine
de retourner chés moi de nuit, il m'avertit qu'il avoit fait préparer un lit pour lui
dans la chambre de mon futur, & que je
coucherois avec sa femme. Dans une autre conjoncture, je n'aurois pas aquiescé
à cette proposition, mais dans les termes
ou étoient les choses, il auroit été de mauvaise grace à moi de refuser, ç'auroit été
trancher du ridicule mal à propos. J'acceptai donc l'offre de Monsieur Coupari. Comme nous navions plus rien qui nous genât,
nôtre séance à table fut poussée assés a-
vant dans la nuit. Le repas fut délicat,
& la conversation charmante. Monsieur
Coulon en fit presque tous les fraix. En
un mot il me charma, & je le trouvai
le plus aimable homme du monde. Il n'a-
voit pas cet air de jeunesse qui prend d'a-
bord la plus-part des femmes.

Quarante ans, ou environ, faisoient
son age, mais son visage étoit serein, &
annonçoit un tempérameut sain & vigou-
reux, qui n'avoit été altéré par aucune
débauche. Sa taille, ni grande ni petite,
des épaules bien quarrées, une jambe ner-
veuse, & remplie, une barbe noire, bien
fournie, en un mot tous les déhors ré-

quis

quis pour faire naitre un préjugé avantageux. Voila le portrait en racourci de
mon futur époux.

Je lui trouvai des charmes. Il parut
en remarquer en moi, & fit en ma préfence plufieurs remerciemens très amples à Monfieur & à Madame Coupari de
lui avoir procuré la connoiffance d'une fi
aimable perfonne avec laquelle il efperoit
de faire fon bonheur. Le l'endemain, a-
près avoir pris une taffe de chocolat, je
parlois de me retirer chés moi pour y
prendre quelque chofe dont j'avois befoin. Je vous accompagnerai, me dit
mon pretendu, & me prefentant la main,
il me conduifit dans un appartement, ou
je fus fort étonnée de trouver ma fervante, mes hardes, mes meubles, & mon
hoteffe qui avoit accompagné le tout, & qui
me venoit féliciter fur mon prochain Mariage ; il ne tarda pas en effet à fe conclure.

Les informations à mon fujet ne furent
pas longues. Madame Coupari, de mon
confentement, n'avoit pas caché à Monfieur Coulon, ma naiffance, mais elle a-
voit gardé un profond filence fur mes
autres avantures. Comme ce n'étoit pas
du bien qu'il cherchoit, puis qu'il en avoit
fuffifament, mais feulement une compagne

gne qui put lui rendre la vie agréable, & partager fon opulence, il ne fut point queftion de ce que je pouvois avoir.

Nous demeurames encore quelques jours à Malthe; enfuite nous partimes pour Meffine. Ma féparation & mes adieux, à ma chere amie furent tendres. Je la rémerciai & fon cher époux, dans les termes les plus vifs, & les affurai que jamais rien au monde, ne feroit capable d'effaçer de mon cœur la reconnoiffance, & les obligations que je leur avois de ma fortune, & de mon établiffement.

Nôtre trajet fut court & heureux. Les prémiers jours de nôtre arrivée fe pafferent en vifites, & en complimens de la part de fes amis; car il en avoit beaucoup. Auffitoft qu'il fut délivré de ces embarras d'ufage, il mit la main à l'œuvre, & travailla à cimenter nôtre alliance par des céremonies qui devoient la rendre indiffoluble. Les premiers jours de nôtre mariage fe pafferent en fêtes, & en divertiffemens, comme c'eft l'ordinaire; après quoi il travailla à ranger fes affaires domeftiques. Tout fon bien, quoique confiderable, étoit en contant, n'ayant pas jufqu'alors voulu fe faire de capital dans un païs ou il n'étoit pas fixé. Il de-

M 5

buta

buta par en employer une partie à faire des acquifitions en mon nom, & fe donna un équipage lefte. Deux domeftiques, une fille de chambre, & un Cuifinier compofoient notre maifon. L'été à la Campagne, l'hiver à la Ville. Que manquoit-il à mon bonheur? Je ne pouvois rien défirer de plus. Mon mari me chériffoit, me refpectoit; je lui rendois le réciproque.

Il y avoit déja quatre mois que nous étions enfemble, lorfqu'il reçut de Rome, une lettre par la quelle on lui mandoit que fon frere étoit très dangereufement malade, & que fa préfence auprès de lui étoit abfolument néceffaire. Cette fâcheufe nouvelle le chagrina extraordinairement. Il n'avoit que ce frere au monde. Point d'autre parent, & ils s'aimoient tendrement l'un l'autre. Mon cher Mari, parla d'entreprendre ce Voyage fans moi. Je n'y voulus pas confentir, & malgré toutes fes vives inftances, je ne pus me réfoudre à le quitter. J'étois deftinée pour les avantures, & pour les rencontres imprévues. Il falloit remplir mon fort.

Nous partimes pour Rome après avoir recommandé le foin de nos affaires à un
ami,

ami, homme de confiance & de probité.
Nous arrivâmes chés mon beau frere qui
fe portoit beaucoup mieux. Le Plaifir
qu'il eut de nous voir, à ce qu'il nous dit
dépuis, acçéléra fa guérifon. L'acceüil
qu'il nous fit fut des plus gracieux. Il
complimenta fon frere fur le choix qu'il
avoit fait. Il me trouva charmante &
dit à mon mari qu'à fon exemple, il lui
feroit, quand il feroit entierement réta-
bli, prefent d'une fœur, qu'il en avoit
une fort jolie en vüe, & que nous ne
partirions pas que la chofe ne fut conclüe.
Effectivement, il tint parole, & époufa
un jeune Demoifelle belle & riche. Par
ce mariage il augmenta de beaucoup fon
bien qui étoit déja confidérable. Le fejour que je fis à Rome fut long, & mon
beau frere fe fit un plaifir de me faire voir
tout ce qu'il y avoit de curieux dans cette
Capitale du monde Chretien. Il parla à
mon mari de la Montagne de Spolette,
ou il n'avoit jamais été, & qu'il avoit
grande envie de voir. Il lui dit que c'é-
toit une chofe qui meritoit d'être vüe.
Le Reçit qu'il nous en fit, nous fit naitre
la curiofité & l'envie d'en faire avec lui le
Voyage.

Cet-

Cette Montagne eſt un lieu charmant, & ſert d'azile à pluſieurs perſonnes à leur aiſe, qui dégoutées de la vie tumultueuſe du grand monde, s'y retirent pour y vivre, partie de leurs biens, & partie de leur travail. Ils ont de petits hermitages dont les appartemens ſont d'une proprété admirable. Ils ont de jolis jardins. Les uns y cultivent des fleurs, les autres des légumes, chacun ſelon ſon goût. Si les Etrangers qui les viennent viſiter ſont gens de façon, ils les reçoivent avec diſtinction, & leur offrent gratuitement quelques ouvrages curieux de leur façon ; ſi ce ſont des gens dans l'indigence, & qui aient béſoin de leurs ſecours, ils les aident généreuſement. Ils ſe trouvent ſouvent dans ce cas, leurs habitations étant à ſix milles de Rome ſur le grand chemin, ce qui leur procure ſouvent les importunités des Pellerins. La Vie qu'ils mênent, eſt ce que l'on peut, à proprement parler nommer une vie heureuſe, (ſi tant eſt qu'il y en ait une dans ce bas monde). Détachés des embarras & du tumulte inſeparables de la multitude, ils ſont tranquiles, & ſe viſitent ſouvent les uns les autres, vivans enſemble comme des freres.

res. Plufieurs ont des domeftiques, &
s'en fervent pour leur aller chercher au
loin ce qui leur manque chés eux.

Nous primes en partant de Rome nos
méfures de façon, que nous y arrivâmes
le matin, afin d'avoir tout le loifir pour
parcourir toutes les celulles. Nous en vimes des unes, & des autres. Notre tournée étoit déja faite, & nous réprenions le
chemin du Village qui eft dans la plaine
à un demi mile de la Montagne, lorfqu'une Cabane, d'une ftructure finguliere,
& très éloignée des autres s'offrit à nos
yeux. Mon beau frere qui la remarqua,
& qui ne vouloit pas, difoit-il, fe retirer
fans avoir entierement contenté fa curiofité, nous invita à y venir. Je tâchai,
mais inutilement, de l'en diffuader. Un
fécret preffentiment, qui me faifoit vio-
lemment palpiter le cœur, m'annonçoit
quelque chofe d'ïnattendu. Effectivd-
ment ce qui m'arriva étoit des plus fur-
prenant. La porte étoit fermée, nous
crûmes qu'il n'y avoit perfonne, & j'en-
trainois déja mon mari & ma belle fœur,
quand mon beau frere, par un coup de
Clochette qui étoit à la porte la fit ouvrir.
Les premiers traits de l'hermite ne me
parurent pas inconnus, & au milieu d'u-
ne

ne grande barbe mal peignée je crus remettre Robinel. Je l'examinai avec plus d'attention, & le reconnus. C'étoit effectivement lui. Une rencontre si inéfperée, & la perfpective de Robinel dans un acoutrement si fingulier qui celui qui le couvroit, m'excita d'abord à pouffer un éclat de rire outré dont il s'apperçut. La grande familiarité dans la quelle nous avions vécu enfemble, ne lui permit pas de me méconnoitre, cependant il n'en fit pas la moindre démonftration. Avant de continuer la fin de cette avanture, je crois devoir donner à mes lecteurs (fi jamais j'en ai) une defcription de fon habillement & de fon ameublement. Un vieux froc de Capucin, tiré de la garde robe de St. François fondateur de l'ordre des mendiants, paroit fon individu. Sa tête étoit garantie des injures de l'air, & des ardeurs du foleil par un large panier d'ozier couvert de cuir, d'une ftructure extraordinaire, dont il nous falua à nôtre arrivée. Il avoit autour des Reins pour ceinture une corde qui à fon antiquité paroiffoit avoir fervi de licol au chameau de la Reyne de Saba lorfqu'elle vint du fond de fes Etats, en pompeux équipage, admirer la fageffe du Grand Salomon. A

fon

son côté gauche pendoit un gros & long chapelet de grains depareillés ou il avoit substitué, à la place de medailles, qu'on y met ordinairement, un ramassis de vieux deniers tirés du trefor de Pilate. Sa chauffure étoit une paire de fabots garnis de paille. Son mouchoir qu'il tira très respectueufement de fa poche, & dont il fe fervit pour effuyer fort modeftement une roupie chancelante qui lui pendoit au bout du nés me parut un débri de la girouëtte de l'arche de Noé.

Un de fes appartemens que nous eûmes tout le loifir de contempler étoit meublé à peu près de la même façon que fon individu étoit couvert. Son lit (fi on peut lui donner ce nom) confiftoit en une vieille paillaffe couverte d'une peau de chevre. Atenant étoit un prié-dieu à coté du quel pendoit un vieux foüet de poftil-lon dont fans doute il fe fuftigeoit les E-paules, pour fe punir de fes forfaits, & appaifer la vengeance Célefte. A l'égard de fa batterie de cuifine & de fes autres uftencilles, ne les ayant pas vus, je les paf-ferai fous filence.

J'avoue que cette étrange métamor-phofe me remplit d'étonement. En effet qui jamais m'eut prédit que j'aurois revu
Ro-

Robinel, &, qui plus eſt, dans un ſi groteſque équipage? Mon beau frere, ma belle ſœur, & mon mari, qui étoient allés d'un autre côte, me donnerent le loiſir de l'entretenir un moment. Quoi donc, lui dis-je! Eſt ce bien vous, Monſieur Robinel? Eh depuis quand le Diable s'eſt-il fait Hermite? Que prétendés vous faire ſous ce deguiſement? Croyés vous tromper Dieu, ou bien les hommes? Semblable au Loup vous changerés de poil, & non pas de caractere. Ah ma chere ſœur, me dit-il, les yeux baiſſés, ceſſés d'outrager un malheureux ſur qui l'ire céleſte s'eſt appeſantie. La meſure de mes crimes eſt remplie juſqu'au comble, & pour me ſouſtraire à la juſtice des hommes qui me pourſuit juſtement, je me ſuis retiré ſur cette montagne pour tâcher par une ſincere pénitence d'obtenir du Tout-Puiſſant un pardon que vainement je demandérois aux hommes. Cette Morale, dans ſa bouche, m'alloit apprêter à rire, & je me diſpoſois à lui faire de nouvelles queſtions, lorſque les larmes, que je lui vis verſer en abondance, m'attendrirent ſur ſon déplorable état. Car enfin ſi, d'un côté, il avoit été la cauſe de la ruine de ma Mere, & de la mienne, il y avoit été

pouſpouffé, & il auroit eu mauvaife grace en qualité de Procureur d'affecter la probité vis-àvis de Monfieur de Mirande. Outre qu'il auroit révolté contre lui tous fes confreres, c'eft qu'il lui auroit été moralement impoffible d'agir felon les loix de l'équité, puifque la connoiffance en eft abfolument interdite aux gens de fa profeffion. D'un autre côté je lui avois des obligations, il m'avoit mife à mon aife, il m'avoit dirigé dans la route de la volupté en me donnant les premieres leçons d'amour. J'avois encore actuellement fur moi des bijoux que je tenois de fa générofité faite, fans doute, aux dépens de la Veuve, & de l'Orphelin. Quoiqu'il en fut, je n'exigeai aucun éclairciffement à ce fujet, & me fentis plutoft emue à la Compaffion, qu'a la derifion ; je lui demandai comment il étoit pour les befoins de la vie ; Il me repondit qu'il ne lui manquoit rien puifqu'il étoit content de tout. Mais encore, lui dis-je, de quoi vivés vous ? Des racines que je cultive, me dit-il, & d'un peu de pain que je quête chez les Hermites de la montagne qui quelquesfois même m'envoyent différens morceaux delicats que je refufe, n'étant pas venu en ce lieu pour y avoir mes aifes. Ce déhors de peniten-

ce

ce me toucha, & mettant la main à la
poche j'en tirai quelques pieces d'or que
j'avois & le priai de les accepter ; Il voulut les refufer ; mais je le forcai de les recevoir, lui difant, que j'étois affes riche
pour lui faire ce prefent & que mon mari
qui poffedoit des biens confidérables me
laiffoit la maitreffe de faire des largeffes à
ma volonté.

Notre entretien auroit été encore plus
long fans l'arrivée de la Compagnie. Je
n'eus pas de peine à l'engager à lui faire
un petit prefent. Il nous remercia avec
une humilité édifiante, & fitoft que nous
eumes le dos tourné, nous l'entendimes
fermer fa porte. Notre converfation jufqu'à Rome roula fur fon fujet & nous en
parumes très édifiés à l'exception de Monfieur Coulon, mon beau frere, qui nous dit
que s'il lui avoit fait une générofité, ce
n'étoit que par pure complaifance, & qu'il
parieroit dix contre un que ce prétendu
Hermite n'étoit qu'un fourbe déguifé &
qu'il feroit fort furpris fi dans peu on n'en
entendoit parler de même, qu'il étoit phi-
fionomifte, & qu'il fe trompoit rarement.
Sur quoi fondé, lui dis-je, parlés vous de
la forte ? Sur la difficulté, reprit-il, &
fur le refus conftant qu'il à fait d'ouvrir

la chambre attenante à celle ou il nous à
recus, & ou j'avois entendu un petit bruit
ſourd, ce qui me fait croire que ce bon
Hermite (puis que vous le voulés appeller ainſi) pouroit bien reſſembler à celui
dont je vais vous raconter l'hiſtoire.

Il y a environ vingt-cinq ans, pourſui-
vit Monſieur Coulon, qu'à peu près dans
le même endroit demeuroit un perſonage
qui jouoit la devotion au parfait. C'étoit
un fourbe achevé qui, par ſon hipocriſie
outrée, avoit trouvé le moyen de ſe mettre en grande vénération & en credit de
ſainteté. Il abuſa non ſeulement le Vul-
guaire, mais encore les Cardinaux & les
Évêques qui en furent la dupe; car il ne
faut pas vous imaginer que les Eminences
de ce païs ſoient de grands Grecs; Ce n'eſt
ni la ſcience, ni le mérite, ni la vertu qui
les élevent à cette place diſtinguée qui
leur donne le glorieux titre de Princes de
l'Egliſe. Leur ſcience eſt beaucoup de
ſoupleſſe & une aveugle condeſcendance
pour tous les decrets du St. Pere aux quels
ils ne repondent jamais autre choſe qu'*A-
men.* Leur merite eſt beaucoup d'intrigue ſoutenue par une infinité de ruſes
qu'on apelle Politique, & leur vertu enfin
n'eſt autre choſe que les déhors apparens

 dont

dont la plupart couvrent leurs vices. Je ne fçai pas même fi fa Sainteté laiffant fon infaillibilité au Vatican ne fut pas auffi la dupe de cet impofteur qui, à ce qu'on dit, lui tira pour plus de cinquante mille ans d'indulgences plenieres. Pardonnés cette petite digreffion qui n'a rien d'outré, & dont la verité je penfe ne vous aura aucunement fcandalifé; Mais comme elle n'eft pas toujours bonne à dire, & dans ce païs furtout ou la Sainte Inquifition à un Tribunal redoutable, je continuerai mon hiftoire. La celulle de notre faux Hermite étoit plus fréquentée que la Chapelle de Nôtre Dame de Lorette. C'étoit un concours qui ne finiffoit jamais. La nuit & le jour, toute heure étoit bonne, & il donnoit toujours audience. Il racommodoit les mauvais menages, guériffoit des maladies, en un mot il faifoit des miracles; & les femmes, plus idiotes que les hommes, à force de couper des morceaux de fa robe pour en faire des réliques, l'avoient racourcie au point qu'il n'en avoit prefque plus. Il n'introduifoit chés lui les perfonnes que l'une après l'autre, & fe procuroit par là le moyen & la facilité de tenter les jeunes femmes & les jeunes filles dont il feduifit une grande quantité.

Ce

Ce concours & cette affluence durerent un an & demi. On parloit déja, pour épargner les fraix de la canonifation, d'enchaffer notre Saint homme tout vivant. L'affaire avoit été, difoit-on, agitée en plein Confiftoire; L'infaillibilité avoit déja opiné pour la Béatification, & tous les Cardinaux avoient repondu *Amen*, quand une avanture imprévue confondit les décrets de la Sainte cabale, annula les procédures de Béatification, & les métamorphofa en des procédures que le facré College fut obligé d'abandonner entre les mains de la juftice féculiere. On s'apperçut dans plufieurs familles qu'elles croiffoient. Ceux qui naturellement en devoient être les auteurs recufoient d'adopter ces augmentations. Dans d'autres il s'y trouva de la diminution. Ce contrafte fit naitre des foupçons & occafionna des perquifitions de façon que les moins duppes, comme ceux qui l'avoient plus été, ouvrirent les yeux; Déja le peuple commençoit à murmurer contre l'Hermite, de façon que plufieurs gens s'attrouperent & furent à l'Hermitage dont on leur réfufa l'entrée. La réfiftance du faint perfonage les confirma dans leurs idées; & pour les juftifier ils en forçerent les portes & les

fe-

fenêtres. Ils trouverent une petite chambre qui reſſembloit plutoſt à un lieu de
plaiſir qu'à la retraite d'un pénitent.   Une
coëffure de femme qui ſe trouva ſur un
lit qu'on n'avoit pas eu le loiſir de cacher
augmenta l'avidité de leurs recherches.
Ils decouvrirent enfin un ſouterain ou é-
toient cachées une femme & deux filles,
les plus belles qu'on put voir, & dont les
parens étoient fort en peine depuis quelque tems.   Cette preuve, qui étoit plus
que ſuffiſante, ne laiſſa pas lieu à de plus
amples formalités.   L'Hermite fut ſaiſi,
lié & garroté, & conduit à Rome de même que les trois Sultanes dont il s'étoit
formé un petit Seraïl.   Elles furent rendues à ceux à qui elles appartenoient, &
qui les firent renfermer pour toujours. A
l'égard de l'Hermite traveſti on découvrit
que c'étoit un Medecin de Bologne qui
s'étoit ſauvé pour avoir abuſé de pluſieurs
de ſes Malades aux quelles il avoit donné
des remedes aſſoupiſſans pour les désho-
norer pendant leur lethargie.   Tous ces
faits bien avérés, & confirmés par ſon
propre aveu il ſubit le chatiment exem-
plaire que meritoient ſes crimes.   Telle
fut la fin de ce pretendu ſaint homme, &
j'apprehende fort que celui-ci n'en ait
                                    une

une pareille : Au reste je souhaite de tout mon cœur que mes conjectures soient fausses.

Le recit de cette histoire qui nous amusa beaucoup nous conduisit chés nous ; car nous logions chés mon beau frère.

Il y avoit déja longtems que nous étions absens ; & mon mari songeoit à retourner en Sicile. J'en étois fort contente, ne pouvant me sentir dans le Voisinage de Robinel, sur tout dans un païs ou, sous un habit Monacal & éclesiastique on peut, pour ainsi dire, tout tenter impunément. L'histoire que j'avois entendue augmenta ma défiance, & je pris dés lors la ferme résolution de ne plus sortir seule. Malgré toutes mes précautions cependant, Robinel, (je l'appelle, de ce nom, ignorant celui qu'il avoit pris en changeant de décoration) me fit tenir un billet d'une façon assés singuliere.

Un jour que je sortois de Ste. Marie Majeure avec ma belle sœur, je fus acostée par une Bouquetiere, qui me présenta tres gracieusement un bouquet. Il étoit si beau, & les fleurs si bien rangées, que je ne pus me dispenser de le reçevoir. Le milieu étoit dominé par une magnifique

tu-

tulippe fermée, qui renfermoit le billet
en queſtion. Cette adroite intriguante
ne manqua pas de m'en faire remarquer
la beauté, & comme elle revenoit toûjours a cette tulippe, que je trouverois,
diſoit elle, merveilleuſe quand elle feroit
épanouîe, je commençai à entrer en foupçons que cette fleur étoit miſterieuſe. Je
ne me trompois pas. Apeine fus je feule
dans ma chambre que je l'examinai, & y
trouvai un papier très proprement plié qui
contenoit ces lignes.

Adorable Juliette, je ne vous ſçai pas mau-
vais gré du tour que vous m'avés joué. Bien
loin de la. Je vous offre encore plus de bien,
que celui que je vous ai oté, & qui vous ap-
partenoit à ſi juſte titre. L'idee de vos char-
mes, gravée profondément dans mon cœur, ne
me laiſſe aucun repos, ni jour, ni nuit. Fai-
tes enforte, ſous pretexte d'une promenade, de
vous trouver ſeule demain au ſoir, à l'entrée
du Capitole. Je vous y attens, & de là, je
vous conduirai dans un endroit feur, ou j'eta-
lerai à vos yeux des choſes capables de contenter le
cœur le plus inſatiable. L'habit que je porte
n'a pas rallenti mon amour, & vôtre vüe à
ranimé mon ardeur. Faites y attention, pré-
tés vous à mes déſirs, par crainte, ſi ce n'eſt pas
par amour. Méfiés vous d'un Procureur Her-
										mi-

mite.   J'ai fait terminer les jours de votre Mere ; Craignés pour les votres.

Quoique cette lettre ne fût pas fignée, il ne me fût pas difficile de déviner d'ou elle venoit.   Le ftile dont elle étoit conçuë, je l'avoue, me fit trembler pour ma tranquilité.   Des lors je n'eus plus de répos, & preffai mon mari à hâter fon départ qu'il fixa à trois jours de délai. Comme aucunne affaire ne le retenoit plus à Rome, & qu'il n'en avoit eu d'autre que de voir fon frere il eut bientoft arrangé ce qui lui reftoit à conclure, & fe détermina à partir.   Les trois jours écoulés nous prîmes congé de mon beau frere & de ma belle fœur, & nous nous embarquâmes à Civita-Vechia fur une Tartane Siciliene qui alloit à Naples.   La mer n'avoit plus rien qui m'effraiât, & les dangers les plus évidens n'étoient pas capables de m'intimider dans les circonftances préfentes ; Il s'agiffoit de m'éloigner de Robinel.   Que n'aurois-je pas fait pour éviter fes pourfuites.   Notre trajet fut court & heureux. Nous arrivames à Naples pluftot que nous n'aurions faits fi nous euffions pris la route de terre.   Nous defcendimes dans la maifon d'un ami de mon mari avec qui il avoit été en rélation d'interêts ; Il nous

N 5

re-

çut à bras ouverts, & nous combla de po-
liteſſes.	J'eus beaucoup d'agréemens dans
cette ville, ou toute ſorte de plaiſirs a-
bondent, & je les goutai avec cette ſen-
ſualité qu'inſpire la tranquilité & la ſeure-
té.	A l'abri des pourſuites d'un fourbe
dont j'avois tout à craindre, je reſpirois,
& ne déſirois rien tant que de me rétrou-
ver chés moi.	Mon mari qui penſoit de
même en avertit ſon ami, qui approuva
ſes raiſons; Il fit plus, il lui propoſa pour
jouir plus longtems de l'entrevuë d'une
perſonne qui lui étoit ſi chere, de l'ac-
compagner en Sicile.	Cette propoſition
lui plut extrémément, & il fut arreté que
nous partirions le jour ſuivant.	Mon-
ſieur Corvaro (c'eſt le nom de cet ami)
qui continuoit toujours ſon commerce, a-
voit des Commis gens affidés, à qui il pouvoit ſe fier; Il n'heſita pas un moment de
leur laiſſer en main la geſtion de ſes affaires, & ſe trouva en état de nous ſuivre.
Avant cépendant de quitter Naples il nous
invita à venir faire une promenade ſur le
port.	Comme je n'étois jamais entrée
dans aucun Vaiſſeau de Guerre, je fus
tentée d'aller à bord d'un qui étoit en ra-
de.	Apeine eus-je ouvert la bouche, que
je fus ſatisfaite.	Mr. Corvaro arrêta ſur

le

le champ un bateau, qui nous y porta; L'officier qui commandoit à bord en l'absence du Capitaine, nous y reçut avec toute la politesse possible; en quittant le Vaisseau nous fimes (comme c'est la coutume) une gracieuseté aux matelots. Nôtre bateau au lieu de nous remettre ou il nous avoit pris, nous debarqua sur le quai entre deux Galeres. La structure de ces batimens, qui étoit nouvelle pour moi, n'en ayant pas vû à Marseille lorsque j'y passai excita ma curiosité, qui fut remplie au moment que je la déclarai. Nous entrames dans une, & y vimes la Chiourme qui étoit composée de malfaiteurs dont plusieurs d'entre eux avoient merité la mort, & dont la peine avoit été commuée en une condannation perpetuelle à ce genre de suplice. Mon mari & son ami s'amusoient à questioner les Galériens sur la façon dont ils avoient merité leur triste sort; Les uns plus sinceres que les autres ne balançoient pas dans un aveu naïf de leurs forfaits.

Nôtre tournée étoit presqu'achevée lorsque mon mari en rémarqua un d'une phisionomie révénante, & qui n'avoit pas encore eu le temps par son court séjour dans cette Ecole d'effronterie de se

fai-

faire un front de fer à l'épreuve du regard d'un honête homme. Les yeux qu'il
baiſſa, engagérent mon mari à l'aborder ;
Il lui fit differentes queſtions aux quelles
il ſatisfit avec toute l'apparence de ſincérité réquiſe dans un criminel qui atten-
droit ſon pardon d'un ſincére aveu. Hélas, Monſieur, dit - il en ſoûpirant, &
même en verſant quelques larmes, j'a-
vois un ſort heureux, & je pouvois vivre
à mon aiſe, mais ſéduit par les appas
trompeurs du libertinage, ſans en enviſa-
ger les conſequences funeſtes, j'ai donné
tête baiſſée dans une ſuite de déréglémens
dont la fin, m'auroit conduit au dernier
ſupplice, ſi en faveur d'un je ne ſçai quoi
moi méme, mes juges émus de compaſſion
n'euſſent changé mon Arêt de mort en
une galere perpetuelle. Voyant que mon
cher époux tardoit à nous rejoindre, je fis
quelques pas en avant pour l'entrainer hors
de cet endroit ou peu accoutumée à l'air
qu'on y reſpire, je ſentois déja mon cœur
qui ſe ſoulevoit. Si j'avois fait quatre pas
en avant, j'en eus bientoſt fait huit en
arriere quand je reconnus Durreville. Eh !
mon dieu ! diſois je en moi même, quelle
eſt ma triſte deſtinée, ne ſuis je donc faite que pour de ſingulieres avantures, &

des

des rencontres surprenantes. Je quitte le sein de la France je vais au de la des mers, j'y rencontre Durreville, ou? Dans une Isle, dans un point du Globe. Je passe en Italie, je vais à Rome, j'y découvre un sçelerat achevé, un fourbe insigne sous l'exterieur séduisant de la pénitence. J'y rencontre Robinel qui a changé sa robe de Procureur contre le froc d'un Hermite. Sous ce nouveau déguisement est il meilleur? Non. C'est un hipocrite dont j'ai tout à apprehender, & qui n'a de comun avec les ames saintes dont il à endossé le harnois qu'un grand fond de fiel & d'amertume dont la pluspart se répaissent. A toutes ces reflexions qui m'agitoient, en survint une plus sérieuse. L'idée de cette chere & tendre Mere s'offroit à mon Esprit, & plongée dans une abîme de pensées plus sérieuses les unes que les autres, je ne m'apperçus pas que mon mari étoit à mon coté. Il me demanda le sujet de ma réverie, je lui battis la campagne, & me retranchai sur l'inquiétude de nôtre longue absence qui peut être auroit apporté du changement dans nos affaires domestiques; Il prit ma réponse pour argent contant, & me tranquilisa sur ce sujet; la chose ne lui fut pas fort difficile, le, puis qu'effectivement c'étoit ce à quoi je pensois le moins. Nous quittames cette Galere (à ma grande satisfaction) ou j'avois tout à craindre de Durreville qui auroit pu me rendre malheureuse, en me réprochant certaines circonstances dont tout l'opprobre auroit infailliblement rejailli sur moi seule, puis qu'il étoit dans un etat à n'avoir plus rien à rédouter d'un aveu indiscret qui en me couvrant de confusion n'auroit ni amellioré, ni empiré son sort, mais qui peut-être en auroit adouci les rigueurs par la satisfaction mal placée d'une vengeance hors de saison.

Satisfaite au possible d'avoir échappé à ses regards, je répris le chemin de la maison, ne soûpirant qu'après l'heure & le moment de nôtre départ. Il arriva enfin, ce jour si desiré, & nous partimes pour Messine. A nôtre arrivée nous y trouvames une lettre de Mr. Coulon; dans la quelle, après les complimens ordinaires, il nous confirmoit la justice des soupçons qu'il avoit formé contre cet Hermite, dont l'exterieur avoit abusé nôtre bonne foi. Souvenés vous, disoit-il, de l'histoire que je vous ai racontée sur le chemin de Rome, en revenant de Spolette. Ne vous ais-je pas prédit qu'au travers de ses déhors d'u-

ne

ne pénitence affectée, je lisois sur son visage qu'il feroit une mauvaise fin ? je ne me suis pas abusé, & l'évenement est prêt à confirmer ce que j'ai avancé; Il fut arreté il y a deux jours, & conduit dans les les prisons criminelles de cette Ville, ou il est lié, garroté, & gardé à vue. Les griefs dont on le charge, & qui n'ont pas encore transpiré, ne me permettent pas une plus longue explication, mais sitost qu'ils feront devenus publics je ne manquerai pas de vous en faire part. Tout ce que je puis vous dire c'est que l'on en parle de differentes manieres, & sa détention fait le sujet des conversations de la Ville.

Cette lettre me rejouit dans le fond, je l'avoue, non que je lui souhaitasse de mal, mais la justice en s'assurant de sa personne, mettoit la miene à couvert des poursuites d'un scélérat, en état de rémuer ciel & terre pour découvrir le lieu de ma retraite. La lettre qu'il m'avoit écrite n'étoit pas dans des termes ambigus, & même il n'avoit pas hesité de s'y déclarer l'autheur de la mort de ce que j'avois de plus cher au monde. Nôtre absence n'avoit diminué en rien le bon ordre établi dans nôtre ménage avant nôtre départ. Ma sa-

ſatisfaction étoit complette, & rien n'al-
teroit la tranquillité dont je jouiſſois, en-
vironnée de toutes les commodités d'une
vie opulente. Mais helas! y a t'il de vrai
bonheur, & peut on tabler ſur rien dans
ce monde? Les révers que j'avois eſſuyés
n'étoient rien, & la fortune avoit encore
un coup à me porter; Mon mari, & le
bonheur dont je jouiſſois avec lui l'offuſ-
qua. Elle me l'enleva, la cruelle, &
d'une façon bien triſte. Un accident des
plus imprevûs me priva de ce cher é-
poux. En tombant du haut d'un eſcalier.
Il ſe donna le coup de mort. Je fus à ſon
ſecours au bruit que j'entendis lors de ſa
chutte. Que devins je helas! lorſque je
le vis étendu ſur le peron, le viſage tout
couvert de ſang, & preſque ſans mouvement. Je le fis mettre dans ſon lit, &
envoyai ſur l'heure chercher un Chirurgien, qui après avoir examiné la bleſſure, m'annonça la triſte nouvelle qu'il n'y
avoit pas d'eſperance, & qu'il ne lui donnoit pas ſelon ſa ſcience, & ſon expérience, deux jours de vie. Cette déclaration, comme on peut croire, ne me ſatisfit pas extrémément. Comme je ſçavois cépendant que ce n'étoit pas aux
hommes à déterminer le cours de nos jours
que

que Dieu avoit contés, je ne fis pas grand fond fur ce qu'il m'avoit dit, mais par malheur l'événement juftifia fa prédiction, & mon cher mari mourut. Ma trifteffe fut grande, il eft aifé d'en juger, & le deüil que j'en portai ne fut pas un extérieur aparent de trifteffe pour me conformer à la mode. Mon chagrin étoit réel. La perte que je venois de faire excitoit en moi la plus vive reconnoiffance qui aiguillonoit ma douleur. J'étois privée d'un homme qui me chériffoit, & qui m'avoit tiré d'un état qui feroit affés difficile à définir fous un titre honête à quiconque voudroit l'entreprendre, pour me laiffer maitreffe d'un gros bien.

Je fis fçavoir cette trifte nouvelle à mon beau frere. Il en fut au défefpoir, & peu de jours après ma lettre recüe, il fe tranfporta à Meffine, pour m'aider de fes confeils dans les arrangemens néceffaires pour entrer en poffeffion entiere du bien que mon feu mari m'avoit affuré par un contrat en bonne & dues formes. Quand j'eus tout liquidé, & rangé mes affaires dans une fituation à ne plus fouffrir aucune difficulté, mon beau frere me propofa de venir paffer quelque tems à Rome auprès de lui; J'aurois accepté fa propofi-

tion

tion, & même je l'aurois prévenu dans toute autre occurrence. La crainte que j'avois du fcélerat Robinel m'enpêchoit d'acquiefcer à ce qui dans un autre |tems m'auroit été fi agréable. Il étoit gardé étroitement dans une prifon, & fon pro-çés étoic inftruit avec grand apareil, tout cela auroit du me tranquilifer, mais je connoiffois trop le païs pour m'y fier. La mort de Robinel (non que je la lui fou-haitaffe) étoit feule capable de me tran-quilifer. Je n'en avois aucune nouvelle, ainfi je ne voulois pas me rifquer. Mon beau frere partit. Son abfence me fut fenfible ; Il fallut cépendant m'en con-foler.

Jufqu'à prefent, comme on à pu voir, je n'ai gouté aucun plaifir fans qu'il fut entre-coupé d'amertume. Ma patience à fupporter les differens événémens qui a-voient troublé ma tranquilité, laffa enfin la fortune, & d'ennemie qu'elle m'étoit, elle me devint tout à coup favorable, & voulut réparer les torts qu'elle m'avoit faits, par un préfent que j'aurois achetté aux dépens de tout ce que je poffedois au monde. Qui me l'auroit jamais fait ef-percr! La réalité même me paroit encore un fonge. Ma Mere, cette chere Mere,

que

que j'avois pleuré comme morte, & que
je ne contois plus fur la terre, avoit é-
chappé au poifon, & victime innocente
de l'iniquité, après avoir roulé une trifte
vie, elle avoit enfin decouvert une partie de mes avantures, & cherchoit après
moi lorfque le hazard l'offrit à mes yeux.

Du nombre des amies de mon deffunt
mari étoit une vieille dévotte, femme
riche, réellement vertueufe & fans affectation.   Tous les matins, elle alloit aux E-
glifes, & les après-midi, elle les paffoit à
vifiter d'autres riches dames comme elle
qui avoient formé une focieté entr'elles,
& fondé, du plus clair revenu de leurs
biens, un petit fond journalier, dont elles affiftoient les pauvres honteux. Aucun
étranger, malade, ou dans l'indigence
n'échappoit à leurs pieufes perquifitions.
Les informations requifes faites à fon fujet, il étoit d'abord foulagé. Je la voyois
quelques fois, & même affés fouvent. Je
la rencontrai un jour de fête en fortant de
l'eglife, elle me pria de venir chés elle,
elle m'y montra un petit paquet compofé
des largeffes de plufieurs de fes amies,
pour, difoit elle, en foulager une perfonne
dont la vertu, & le merite égaloient la naiffance.   Elle me demanda en même tems

fi je ne me fentois pas difpofée à partici-
per à cette bonne œuvre. Je le veux
bien, lui disje, & mettant la main à la
poche, j'en tirai ma bourfe que je donnai
telle quelle étoit, & priai mon amie de
venir jufque chés moi, ou je choifirois
parmi mes hardes une rôbe honête, dont
je pus lui faire un préfent. Les femmes
font naturellement babillardes. Quand elles veulent du mal à quelqu'un, elles inven-
tent ce qu'elles ne fçavent pas pour le détrui-
re, lui veulent-elles du bien, elles fe re-
pandent en louanges qui ne tariffent jamais.
Que mon fexe me pardonne cette petitte
digreffion. Si d'un coté je le bleffe, de
l'autre, j'y mets l'emplâtre, ainfi fit mon
amie. Le Zéle qui la portoit en faveur
de l'illuftre infortunée l'entraina infenfible-
ment dans un detail qui me devint inte-
reffant, elle me parla à batons rompus d'un
contract de mariage qu'elle avoit lu, elle me nomma la Veuve de Mr. de G. Prefident au Parlement de Mets, & enfin
plufieurs autres circonftances qui m'exci-
terent à une plus ample curiofité. Je demandai à mon amie quelle taille, & quelle mine avoit celle pour qui elle paroiffoit
tant s'intereffer. Ce fut alors qu'entou-
fiafmée de l'occafion que je lui fourniffois

par

par ma queſtion, elle m'enfila un detail
des plus circonſtanciés. C'eſt, reprit-elle,
avec chaleur (car je nai rien à vous déguiſer) une dame qui ſe nomme Mad. de
G. épouſe d'un Préſident de ce nom (ou
bien ſes papiers ſont faux) elle a eu du
Marquis d'Artinville, ſon ſecond mari, une
fille qui lui à été enlevée, & dont elle
ignore la triſte deſtinée. C'eſt après elle
qu'elle court, & pour ſurcroit de malheur elle ſe trouve hors d'état de pour-
ſuivre ſes récherches. A ce recit, il ne
me fut pas difficile de reconnoitre ma Mere. J'eus cependant aſſés de pouvoir ſur
mon eſprit pour ne rien temoigner de
ma ſurpriſe, & affectant un ſang froid au
deſſus de mon ſexe, je tirai de mon écrin
un joyau que j'avois eu d'elle avec une de-
viſe en dedans, & le joignis à deux robes
de riche étoffe que je chargeai ma chari-
table amie de lui donner, en la priant
inſtament de remettre le tout à la perſonne en queſtion, & de lui faire remarquer
la fineſſe de l'ouvrage. Elle s'acquitta de
la commiſſion dont le reſultat la ſurprit
extraordinairement. La vue de ce bijou
fit ouvrir les yeux à ma Mere, & peu maitreſſe de ſes tranſports, elle le baiſa mille
& mille fois, la baigna de ſes larmes, &

O 3

ſe

se jettant aux genoux de sa bienfaitrice elle la pria a mains jointes de la conduire chés la personne qui montroit tant de générosité à son égard. Cette attitude, & ce transport toucha mon amie, elle la réléva, & ne fit aucune difficulté de l'amener chés moi. Il n'y avoit pas une heure qu'elle étoit sortie, lorsqu'on vint me l'annoncer accompagnée d'une autre Dame. Je m'étois déja préparée à cette entrévüe, & m'étois armée d'une fermété qui m'abandonna à l'aspect de cette chere Mere, ce tendre objet, qui m'avoit couté tant de larmes. Jamais entrevüe ne fut si touchante. Je rétrouvois une Mere que je chérissois; je l'avois crue morte; Je la voyois vivante, mais dans quelle situation grands Dieux! depourvüe du nécessaire, & reduite à implorer la générosité de ceux qui voudroient l'assister. Nos premiers momens furent melés de joye & de douleur. Ma bonne amie en partagea avec nous les instans, & dés que je lui eus annoncé que c'étoit ma Mere, en femme prudente, elle se retira, pour nous laisser le loisir de nous exprimer mutuellement & sans temoins ce que nous ressentions l'un pour l'autre. Je la remerciai pour le moment, me réservant à une autre

tre occafion de lui temoigner ma jufte reconnoiffance du fervice effentiel qu'elle
m'avoit rendu en la perfonne de ma
Mere, & de l'obligation que je lui avois
en mon particulier d'une rencontre qui
m'étoit fi précieufe. Mes momens m'é-
toient trop chers pour m'amufer longtems
avec elle. Apeine eut-elle le dos tourné,
que je volai entre les bras de celle
qui m'avoit donné le jour. Nous fûmes
long-tems à nous regarder, & un filence
muet accompagné de larmes nous tint
lieu de la plus profonde éloquence. J'attendois par refpeȼt qu'elle rompit le filence. Elle le fit en ces termes. Eft-ce
bien vous ma chere fille? Eft-ce verité?
Eft-ce illufion? Quoi! je vous rétrouve,
& dans quelle fituation! Que veut dire ce
deüil? Je lui racontai toutes mes avantures dont le récit la toucha infiniment,
& dont la conclufion fut que je la mettois
en poffeffion de tout mon bien qui é-
toit fuffifant pour nous faire couler des
jours heureux, & tranquiles à l'abri de
l'inconftance dans un païs ou mes poffef-
fions étoient à couvert des .chicanes des
procédures. Le pompeux étalage de ce
que j'offris à fes yeux la toucha bien moins
que la joye de me voir dans une fituation

fi heureufe. La journée qui tiroit à fa fin
& le répos dont elle avoit befoin , ne me
permit pas de l'importuner d'avantage,
& je remis au lendemain à la prier de
me faire le detail de fes infortunes, & de
me raconter comment, & par quel moyen,
elle fe trouvoit encore du nombre des vivans.　Apeine fut elle éveillée, que pour
m'en épargner la propofition , elle me
pria de prêter beaucoup d'attention au recit de fes malheurs.

Vous n'ignorés pas ma chere fille la
façon cruelle , & barbare dont nous
fûmes feparées l'une de l'autre. Votre fort m'inquietta, car je connus bien
que c'étoit dans un Couvent ou on vous
avoit enfermée. Je voulus queftionner
l'Exempt ou du moins celui que je croiois
tel & qui étoit avec moi dans le caroffe.
Il fut muèt à toutes mes queftions, & a-
près m'avoir conduit à Saint Denis il me
dépofa dans un mauvais cabaret ou s'étant
renfermé avec moi dans une petite chambre écartée de la maifon , il ouvrit la bouche pour la premiere fois , & voulut par
de fpecieux propos attenter à mon honneur. Je rejettai bien loin, comme vous
pouvés juger, fes offres. La façon dont
je le traitai, & les Epithetes les plus ou-
tra-

trageantes que je lui prodiguai, lui firent abandonner fon projet. Alors le fçélerat prénant un ton plus doux, fit femblant d'entrer dans mes peines. Il me plaignit, m'offrit fes fervices, & m'obligea à prendre un peu de nouriture pour me fortifier l'eftomach, & me raffurer un peu des émotions que fans doute fa préfence, & la dure féparation d'avec ma fille m'auroit pu caufer. Je ne répondis ni oui, ni non, quoi qu'effectivément j'euffe grand befoin de nourriture. Il prit mon filence pour un confentement tacite, & fut lui même ordonner une petite colation melée de froid & de chaud. Comme une fervante étoit occupée à couvrir la table, je le vis rentrer d'un air fort enjoué, portant les débris d'une fricaffée de poulets qu'il mit devant moi, me priant avec inftances de toujours manger fans faire attention à lui, & qu'il ne fe mettroit à table que quand tout feroit fervi. Je ne dévois pas dans le fond avoir de grands égards pour lui, & d'un autre côte, comme il m'avoit prié de ne point l'attendre, je lui obeis exactement, & mangeai de bon appetit, car j'avois befoin de nourriture; Il révint peu après avec d'autres mêts, dont il fe remplit largément la panfe; Quant à la fricaffée que j'avois trouvée fi bonne, il n'en goûta abfolument pas. J'étois bien éloignée, ma chere Enfant, de rien foupçonner de la part d'un homme qui s'étoit annoncé pour appartenir au Roi. Après qu'il fe fut bien raffafié, il prit congé de moi, & me dit que j'étois maitreffe de prendre tel chemin que je jugerois à propos, à cette condition que je ne retournerois pas dans Paris, d'ou j'étois exilée jufqu'à nouvel ordre. Mon cœur foupiroit après vous; Je ne m'affligeois que pour vous; Tantoft irrefolue, je voulois rentrer de nuit dans cette Ville ou vous étiés détenüe. J'irai, difois-je, au Couvent perfonne ne m'y connoit, j'accepterai toutes les conditions qu'on me propofera, pour dures qu'elles foient, mais au moins j'aurai la confolation de voir ma chere fille, de vivre avec elle, & de partager fon fort. Agitée de ces reflexions, je me fentis attaquée foudain d'une fueur froide, d'un tremblément par tous mes membres, & d'une colique affreufe. Ces accidens furent fuivis de violentes convulfions. L'hôte & l'hoteffe de la maifon ou, je me trouvois, étoient d'honnêtes gens, & entierement innoçens de l'atten-

tat

tat qu'on avoit formé contre mes jours. Le triste état dans le quel j'étois reduite les inquietta. Le mari homme d'esprit qui avoit été présent au commençement de mon mal, fut vîte chercher un médécin, & lui détaille les circonstances de ma maladie. Sur son reçit, il dévina aisément que j'avois quelque chose d'extraordinaire dans le corps, & se munit d'un violent contrepoison, dont si tôt qu'il m'eut vû, il me fit prendre une copieuse dose. Cette sage précaution m'a sauvé la vie. A peine l'eus-je avalé, que ma colique qui augmenta fut suivie de soulévémens de cœur extraordinaires, accompagnés d'efforts incroiables, qui me firent rendre tout ce que j'avois dans le corps, poison & autre, de façon que j'en fus quitte pour quelques accés de fievre qui n'eurent pas de suitte.

Sitost que je fus en état de me mettre en chemin, je le fis, & m'éloignai à régret de Paris ou je vous sçavois, & ou je n'osois rétourner pour ne pas risquer mes jours, bien resolue cépendant de remuer Ciel & Terre par le moyen de mes amis pour être informée au juste de vôtre destinée. Je pris la route de Lion ou je séjournai quelques mois sans rien découvrir

vrir à vôtre égard. J'y vendis les bijoux que j'avois avec moi, & en fis une fomme à l'aide de la quelle je fuis parvenue jufqu'ici dans l'état on vous me voyés, après avoir longtems couru fur vos traces, que j'ai découvertes par le canal du Chévalier de Fetigni qui démeuroit dans cette Ville, & que je rencontrai un jour par hazard en me proménant fur la Place de Bellecourt. Nous nous réconnumes, & nous nous accoftames l'un l'autre. À mon air inquiet & abbatu, il lui fut fort aifé de démêler que je n'étois pas fans chagrin & fans foucis. Il me démanda fort civilément s'il me pouvoit rendre quelque fervice. Je lui répondis que dans ma fituation préfente, il ne m'en pouvoit rendre un plus effentiel que de m'aider à découvrir ou vous pouviés être. Rien de plus aifé, me dit-il, Madame. Mademoifelle vôtre fille eft à Malthe ou je l'ai laiffée. Il me raconta alors ce qu'il fçavoit de vos avantures, & ne me céla pas la façon dont il avoit été forcé de vous y abandonner. Je le priai de me donner vôtre adreffe. Il me la promit à condition que je viendrois chés lui la prendre avec la foupe. L'envie que j'avois de vous revoir, & la politeffe avec la quelle il me

fom-

somma d'accepter ses offres m'y fit ac-
quiescer. J'y fus, son Epouse & lui me
firent tous les accuëls imaginables. Dans
toute autre circonstances les plaisirs qu'il
tâcha de me procurer pendant le peu de
sejour que j'y fis, après sa rencontre, auroient eus des atraits pour moi. Mais helas ! Je vous sçavois au dela des mers; Il
me les falloit traverser pour vous retrouver. Je m'y déterminai avec constance.
Rien n'étoit capable de m'épouvanter. Il
m'y encouragea , & je me déterminai à
partir.   Avant-cépendant d'entréprendre
cette route, je considererai que le peu d'argent qui me restoit n'étoit pas suffisant
pour subvenir aux frais d'un si long Voyage, à moins que je n'usasse d'une grande
oeconomie.   Cette reflexion me décida à
me rendre, le plus sécrétement qu'il me
seroit possible à Mets, deguisée & sous un
nom inconnu pour tâcher par le canal
d'une de mes anciennes connoissances en
qui j'avois une entiere confiance de tirer
partie de quelques prétentions que javois
encore d'un bien qui me restoit du côte de
mon Pere, & aux quelles je n'aurois jamais
songé dans un état plus opulent. Je pris
congé de Monsieur de Fetigni, qui porte le nom de Comte de ... & pris la
route

route de Mets. Mon ami à qui je fis une
une entierre confidence de ma triste situa-
ation, m'assura qu'il m'aideroit de tout son
pouvoir, & me conseilla de me retirer à
Nanci, non que j'eus rien autre à apprehender à Mets, que venant à y être reconnue, je ne donnâs lieu de reveiller tous
les contes qui y avoient été faits à mon sujet. Je suivis son conseil, & lui laissai en
main le soin de mes affaires qu'il à ménées
avec vigueur, & qu'il poursuit encore
actuellement avec Zéle. L'incertitude de
la définition, & de la durée des procédures ne m'a pas permis un plus long sejour
& je me suis rendue à Marseille ou je me
suis embarquée pour passer à Malthe. A-
près une longue & penible traversée, j'y
suis enfin arrivée. Mon prémier soin en
descendant à terre, fut de me rendre chés
Monsieur Coupari, ou j'avois vôtre adresse.
Je m'annoncai sous le nom de vôtre mere. A ce titre, ils me prouverent l'estime qu'ils faisoient de vous, & de vôtre
mari par l'aceüil le plus gracieux. Ils
pousserent leur générosité jusqu'a me faire
offre de leur maison, en attendant que je
fusse rémise des fatigues de mon voyage.
Ils m'apprirent que vous aviés trouvé un
riche parti, & me dirent qu'étant allée à

Rome

Rome avec vôtre mari, ils n'avoient reçu aucune nouvelle de vôtre retour à Meſſine, ils me prioient de demeurer chés eux juſqu'a ce qu'ils vous y ſçuſſent arrivée. Laſſe de ne voir venir aucune de vos lettres je me ſuis réſolue à partir. Comblée des bienfaits de Mr. & de Mad. Coupari, j'eſpere que vous ſuppléerés à mon deffaut pour leur en temoigner vôtre reconnoiſſance & la mienne. La rencontre que nous avons faite dans le trajet d'un Corſaire Barbareſque qui nous a donné la chaſſe pendant près de douze heures, ma cauſé tant de frayeur, & m'a occaſionné une telle revolution à la vüe d'un Eſclavage presqu'inévitable, que dépuis ce moment je n'ai pas eü de ſanté, & ſuis arrivée ici malade & languiſſante. Depuis un mois & demi que j'y ſuis, je n'ai pu venir à bout, malgré mes perquiſitions & mes démarches, de vous y déterrer, & il y à apparence que je ſerois encore à vous chercher, ſans l'heureux hazard qui nous à rendues l'une à l'autre. Ce récit de ma chére Mere, me pénétra de la plus vive douleur. Conſolés vous, lui dis-je, en l'embraſſant tendrément. J'oſe me flatter que le Ciel favorable à mes vœux, ne nous à reünies, que pour nous laiſſer

dedéformais jouir en paix des biens dont il m'a favorisée. J'employai les prémiers jours à la mettre dans un état conforme au rang que je tenois, & à celui qui lui convenoit. Quand elle fut comme je la souhaitois, nous fûmes ensemble rendre une visite à cette Dame qui me l'avoit conduite chés moi, & qui m'avoit fait retrouver ce que j'avois de plus cher au monde. Je ne me bornai pas à son égard à de simples remercimens. Le service qu'elle m'avoit rendu étoit essentiel. Il exigeoit une reconnoissance. Je tâchai de la lui temoigner par un present qu'elle réfusa constamment, mais que je la forcai cépendant d'accepter.

Le séjour de Messine plaisoit beaucoup à ma Mere, & elle y jouissoit tranquilement, & sans allarmes de toutes les aisances de la vie. En elle je trouvois un fond inépuisable de consolation, sa compagnie faisoit tous mes délices. Le précis de nos conversations ordinaires quand nous étions seules, vis-avis l'une l'autre, étoit une récapitulation de nos aventures mutuelles. Un jour, que j'avois entamé la conversation sur le sujet du sçélerat de Robinel, je recus une lettre de mon beau-frere, dans la quelle, après m'avoir félicitée sur

l'arl'arrivée de ma Mere, dont il ignoroit les circonstances, il me faisoit l'histoire abregée de la Vie & de la mort de l'Hermite, dont il m'avoit mandé la détention. Cette lecture, dont la conclusion nous interessoit égalément toutes deux, nous toucha. Ma Mere n'avoit point l'ame vindicative, & moi dans le fond je ne lui voulois point de mal, je ne lui souhaitois pas la mort; Je désirois uniquement être à l'abri de ses poursuites. Voici ce qu'il m'écrivoit. Le fourbe en question fut arreté, il y a près de six semaines, à l'entrée du Capitole sur les dix heures du soir, ou environ. Il avoit apointé en cet endroit trois supôts d'iniquité, gens de sa cabale, & avec qui il étoit de complot, pour y enlever une Dame qui devoit s'y rendre. Soit que celle qu'il attendoit, eut refusé de s'y rendre, soit qu'elle eut trop tardé, il fut trompé par la ressemblance, & se saisit d'une fort aimable Demoiselle de la prémiere distinction, qui entroit au Capitole suivie d'une servante. Les Ravisseurs en enlévant la maitresse, laisserent échaper la suivante qui en fille d'esprit, sans s'évaporer en des plaintes & en des cris superflus courut avertir les Sbirres. Au respectable nom de la per-

son-

sonne pour qui on venoit demander leur assistance, ils firent toutes les diligences possibles pour la secourir. Ils arriverent comme il étoit déja arreté par la multitude qui étoit accourue aux clameurs de la Demoiselle. Il fut conduit avec ses complices dans les prisons de la Ville. Ils étoient munis de poignards, & d'armes à feu. Les Parens de la Demoiselle l'ont poursuivi, & ont par leur crédit accéléré son chatiment. L'Hermite, au milieu des tourmens, à avoué plusieurs crimes, & entre autres, il s'est déclaré l'autheur d'un assasinat fait en la personne d'un Seigneur Venitien très riche qui venoit à Rome avec son Epouse, dont il avoit enlevé tous les joyaux & autres effets. Il à perdu la vie sur un échaffaut, de même que ses complices; & sa cabane, ou son Hermitage, à été ruiné. Vous voyés, ajoutoit-il, que je ne me suis pas trompé dans mes conjectures, & que l'événement à justifié mes idées. Cette nouvelle me rassura entièrement, & j'écrivis en reponse à mon beau frere que, s'il vouloit me faire le plaisir de se transporter auprès de moi, je lui en aurois une singuliere obligation, & que sa presence me seroit d'un grand secours dans les circonstances presentes,

vu

vû le dérangement & le vuide considérable que la mort de mon Mari avoit occa-
sioné dans mes affaires. Il m'apporta lui
même la reponse, & après avoir tout mis
dans un bon ordre, nous partimes ensemble pour Rome. Cette Ville, & son sejour plurent extrémément à ma Mere,
& elle paroissoit souhaiter y fixer sa dé-
meure. Elle écrivit une lettre à son ami
de Mets pour sçavoir la reussite des affaires dont elle l'avoit chargé. Nous reçumes, aubout d'un mois, une lettre obligeante par la quelle il nous informoit qu'il avoit
obtenu guain de cause; Que la chose a-
voit été à la vérité longue à decider, mais
que l'issue en avoit avoit été favorable,
que le bien nous avoit été adjugé, & qu'il
attendoit nos ordres pour en disposer. Ma
Mere me consulta là dessus, & nous fumes
du même avis, sçavoir, que ne pouvant
décemment retourner à Mets, elle lui
envoiroit une procuration en bonnes &
dues formes pour le vendre à notre plus
grand avantage, avec priere de nous en
envoyer le montant, du quel il déduiroit
les fraix qu'il auroit déboursés. Il s'acqui-
tâ ponctuellement de la commission, &
ainsi nous vimes dans nôtre bien, qui é-
toit déja considerable, une augmentation

P 2

fur la quelle elle n'avoit guere compté, &
dont la neceſſité avoit feule fuggéré à ma
Mere l'idée du récouvrement, en reveil-
lant fes prétentions.

Maitreſſes d'un gros revenu nous n'a-
vions rien à défirer, & je me croiois contente, lorſque je dévins tout à coup réveu-
fe contre mon ordinaire. Je commençai à m'apperçevoir qu'il falloit quelque
chofe à mon bonheur. Je foupirois, je
n'avois pas de répos, en un mot il me
manquoit une chofe que je ne pouvois
deviner. Ma Mere, à qui je communiquai mon embarras, n'en fit que rire.
Vous êtes encore jeune ma fille, me dit
elle, vous avés le cœur tendre, ne feroit-
ce pas l'amour qui feroit naitre ce mal inconnu, & le fujet de vos inquiétudes?

A ce mot d'amour, je fentis mon vifage s'enflamer. J'avouai ingenuèment
à ma bonne Maman, que je n'avois pas
le cœur infenfible,& que les plaifirs avoient
des attraits pour moi, mais que cépendant, depuis la mort de mon Mari, je ne
m'étois rien fenti pour aucun homme. Cela viendra, me dit-elle en riant, vôtre
perte eft trop récente, & je fuis convaincue qu'avant le terme de vôtre deüil expiré vous aurés contraſté quelqu'engagé-
ment.

ment. Vous avés des charmes, fitoſt que vous les étalerés au grand jour, vous férés de nouvelles conquêtes. L'idée du paſſé vous reviendra. L'on vous flattera; On vous fera une cour empreſſée. Les Italiens font chauds, vous avés du temperament, & infailliblement vous ſuccomberés à leurs agaçeries, & vous ſubirés un nouveau joug. Tout ce qu'elle me diſoit étoit vrai ; J'en connoiſſois la réalité, auſſi ne combatis-je pas ſes raiſons. Je ne me croiois pas cépendant ſi proche de tomber dans le trébuchet. Mon beau frere fut un jour invité dans une aſſemblée des mieux compoſées. Il nous y mena ma Mere & moi. Je n'y fus pas long-tems ſans être remarquée. Je m'appercus involontairement qu'un jeune étranger, d'environ trente ans, me fixoit & qu'il n'avoit pas les yeux en bas de moi. Je l'examinai à pluſieurs repriſes ſans en faire le ſemblant. Sa vüe qui étoit toujours fixée dans ſon même point ne me laiſſa plus lieu de douter qu'il ne m'eut trouvée à ſon gré. C'étoit un Cavalier beau & bienfait, mis d'un grand gout, & d'une phiſionomie révénante. Pluſieurs fois il fut ſur le point de m'acoſter, pluſieurs fois il ſe rétint. A la fin cépendant

P 3

dant

dant il le fit, & ce, de la façon la plus
galante, & la plus civile. La conversation que nous eûmes ensemble ne fut pas
longue. Une magnifique collation qu'on
servit l'interrompit. Nonobstant céla il
fit briller briller beaucoup d'esprit & de
justesse dans le peu qu'il me dit. Je le
réconnus aisement pour François. Il l'é-
toit effectivement, & d'un païs ou les
gens ont naturellement de l'esprit & beaucoup de vivacité.

Le reste de la soirée, après qu'on eut
lévé la table, se passa en propos généraux
& indifférens. La Compagnie parloit de
se séparer. Mon beau frere ma belle
sœur, ma Mere & moi, étions déja levées,
lorsque ce Cavalier se présenta pour avoir
l'honneur, disoit-il, de nous accompagner. Nous ne pûmes lui réfuser ce qu'il
nous demandoit si respectueusément, &
même si galament. Nôtre consentement
parut le mettre au comble de ses vœux.
Il nous conduisit chés nous ou nous le priames de s'arréter un moment, il s'en excu-
sa sur ce qu'il étoit déja tard, & que
vraisemblablement à pareille heure nous
avions besoin de sommeil, mais qu'il se sen-
tiroit fort flatté s'il pouvoit avoir le bonheur d'obtenir la permission de venir quelques

ques fois nous aſſurer de ſes reſpects. Ma
Mere lui repondit qu'il nous feroit honneur. Après cette reponſe il prit congé
de nous, & ſe retira. Sitoſt que nous
fumes ſeules & ſans temoins, eh bien,
dit ma Mere, ſi je n'ai pas tout-à-fait
déviné, n'en ſuis-je pas bien près?
Qu'en dites vous, ma chere fille? Il paroit
en avoir dans l'aile, & vous, que penſés vous?
Je ne ſçus que répondre, mais je commencai
à ſoupçonner que ma bonne Maman avoit
dit vrai. Trois jours ſe paſſerent ſans
voir paroitre Mr. Poulaud. C'eſt ainſi que
ſe nommoit ce Cavalier. Au quatrieme il
vint nous rendre une viſite, dans laquelle
il ne dit pas grand choſe. La ſemaine
d'enſuite il fut plus exact. Enfin, il ſe
rendit très aſſidu, & il paſſoit peu de jours
ſans nous venir voir. Je ne fus pas longtems à démeler le but de ſes viſites. Il en
étoit ſur le ton des petits ſoins, lorſque
mon amour propre flatté de ſes aſſiduités
lui fournit l'occaſion d'un aveu qui ne me
déplut pas. Vos viſites lui dis-je, Monſieur me font plaiſir, mais ſçavés vous
que nous ſommes ici dans un païs ou la
jalouſie eſt à la mode, & que les Italiens,
gens ombrageux, & naturellement ſcru-

P 4

puleux

puleux sur la conduite des femmes, ne manqueront pas de gloser sur vos fréquentes entrées chés moi ? Prevenus mal à propos contre la sagesse des filles & femmes de leur Pais, ils leur interdisent tout commerce avec les hommes, & poussent même leur manie & leur extravagance, jusqu'a leur deffendre la fréquentation de leurs propres Parens ; ainsi, Monsieur, si vous avés réellement pour moy l'estime & le respect que vous dites, vous épargnérés à mes voisins, dont dans le fond je ne me soucie gueres, les fraix de la calomnie, & me mettrés à couvert des caquets. Ils sont déja assés estomaqués de ne voir jamais entrer ni sortir de chés moi aucun Moine ; ils en raisonnent de diverses façons, & ne sçavent que penser à mon occasion, & je ne doute nullement que si nous ne fréquentions les Eglises, pour suivre la mode, & la coutume, ils nous auroient déclarées au Tribunal de l'inquisition comme des Hérétiques, & je ne sçai pas bien même, comment étant encore à Messine j'ai pu échapper à la vengeance d'un vieux Caffard de Cordelier, qui avoit tout l'air d'un Satire révétu. A peine mon mari étoit enterré, que ce Pail-

lard

lard entra chés moi d'authorité, sans se faire annonçer, & enfila l'appartément ou j'étois vis à vis de mon miroir à me lasser. La vue de ce monstre me troubla, & même il s'apperçut de mon émotion, Tranquilisés vous, ma chere Enfant, me dit il; Je ne suis pas venû ici à dessein de vous nuire, & encore moins de vous déplaire. Je suis un Ministre du Seigneur, qui, dans l'état ou vous êtes, suis venu ici pour vous parler du bon Dieu. A ce nom respectable, je lui repondis d'un coup de tête muet, qu'il prit pour une parfaite résignation à ses volontés. Alors il m'enfila un long discours au quel je ne compris rien, & dont le résultat fut que, jeune & belle comme j'étois, l'état de Veuvage devoit être incompatible avec ma jeunesse, & continuant avec un rapide flux de bouche, j'ai un parti pour vous, dit-il, si vous y voules donner la main. C'est le plus avantageux que jamais vous puissiés rencontrer. Il ne s'agit pas de mariage, je vous en préviens. Un homme de mon érat est incapable de tromper. C'est une Personne discrete, & que son caractere met à l'abri de la censure. C'est, pour ne pas vous tenir longtems le bec dans l'eau, c'est un Apôtre de l'évangile, c'est un Moine, c'est

P 5

moi,

moi, en un mot regardés mon air mâle, voyés cette encôlure ; avés vous parmi vos petits - Maitres un quelqu'un qui ofe entrer en lice avec moy. Ma furprife, qui fut des plus grandes, m'ota l'ufage de la parole ; Il profita de mon filence pour me faire le difcours fuivant, qu'il prononça d'un ton doucéreux, capable d'en impofer à toute autre qu'a moy. Mon cher cœur, dit-il, le Siecle, & les hommes font fi pervers qu'ils ne s'étudient qu'a fe tromper les uns & les autres. Les mondains aux pieds d'une belle lui jurent, & lui promettent plus qu'ils ne peuvent tenir ; Nous autres, au contraire, nous tenons plus que nous ne promettons ; En voila la raifon. Le Mondain en proye à mille foucis, au milieu des plaifirs, fe trouve arrêté par une foule d'idées ambitieufes qui amortiffent fes feux, & qui par la diverfion qu'elles y apportent le mettent hors d'état de s'y livrer tout entier ; & une belle dans la crainte de l'indifcretion de leur part ne peut favourer avec la fenfualité réquife toutes les douceurs de la volupté. Nous autres gens d'Eglife, c'eft toute autre chofe. Exempts d'embarras & d'inquietudes, rien ne nous arrête, au contraire, la paffion nous rend ingénieux & inventifs. Le refpeét que

nous

nous nous devons à nous mêmes pour maintenir en credit nôtre caractere nous engage à une discretion, & à un sécret inviolable qui mettent à couvert l'honneur, & la reputation de celles qui se laissent persuader à nos raisonnemens. Nous sommes de chair & d'os comme les autres. Les mêmes passions nous agitent & nous tourmentent. La vie molle & oiseuse que nous ménons nous fait sentir toute la violence de leur Empire. Si vous étiés une Italienne, reprit-il, je me serois servi d'un autre détour, & avec le secours de quelques bagatelles qui ne guerissent ni du froid ni du chaud, je serois venu à mon but. Mais comme je sçai qu'en France vous n'avés pas cet esprit de superstition qui vous rend Esclaves des momeries que nous avons eu le talent de faire adopter dans ce Païs, je me flatte que vous me tiendrés compte de la façon naive & sincere avec laquelle je vous ai dévéloppé une partie des misteres de nôtre Sainte Cabale, & pour vous prouver l'estime & le cas que je fais de vous, acceptés cette bourse, ce ne sont ni des medailles, ni des chapelets, ce sont de beaux écus Romains qu'une de mes devotes m'apporta hier pour les depenses d'une neuvaine à

St.

St. Antoine de Padone qui lui fit retrouver une montre d'or que j'avois à deſſein
enlevée de deſſus ſa table. Sitoſt que je
les eus reçus je les deſtinai pour vous, &
je vous les apporte. Il finit ſon diſcours &
ſes offres par vouloir allonger ſes mains
ſur ma gorge converte d'une ſimple mous-
ſeline. Je m'éloignai, & ſonnai. Un domeſtique qui ſurvint contint ce Papelard,
& refréna ſon inſolence. Les propos qu'il
m'avoit tenus me mettoient à même de
lui faire une belle morale; mais j'aimai beaucoup mieux lui temoigner mon mépris par
mon ſilence, que par une refutation de ſes
mauvais propos. Je m'amuſai à donner
des ordres à mon garçon & j'appelai ma
ſervante que j'occupai à arranger ce qui
ne l'étoit pas, & à deranger ce qui étoit
en place. Ce petit manége, fait exprès,
& dont il s'apperçut parfaittement lui fit
perdre patience, & il s'en alla ſans mot
dire. La façon bruſque avec laquelle il ſor-
tit de chés moi me donna (je l'avoue)
quelqu'apprehenſion, & même je reſtai
inquiéte & interdite. Il ne dépendoit que
de lui de me jouër quelque tour par de
fauſſes accuſations au Tribunal de l'Inquiſition. Je communiquai mes allarmes à
Jacomo, c'étoit le nom de mon domeſtique,

que. Ce garçon, qui étoit du Pais, & qui
en connoiſſoit les uſages, me raſſura, &
me dit que l'Inquiſition n'étoit pas ſi ré-
doutable que je me l'imaginois. Que Meſſine étoit un port de mer conſiderable &
que le grand abord d'Etrangers de differentes Nations, & de différentes Reli-
gions qui y venoient de toutes parts avoit
de beaucoup diminué ſon credit qui étoit
pour ainſi dire devenu à rien. Il accu-
ſoit vrai, & depuis je n'ai jamais revu
mon Moine, n'y même entendu parler de
lui. Monſieur Poulaud rit de bon cœur
de cette hiſtoire, & me dit qu'elle n'a-
voit rien qui le ſurprit, & m'aſſura que ſi
l'affaire me fut arrivée en Portugal, ou
dans de certaines Villes d'Eſpagne, je n'en
aurois pas été quitte à ſi bon marché,
mais pour révenir à ſon propos que j'avois
interrompu par ce recit, il m'aſſura que ſi
je ſouhaittois me rendre à ſes offres je
ferois ſon bonheur. Il me declara qu'il
étoit fils unique d'un riche Banquier de
Montpellier; Qu'il voyageoit pour ſon
plaiſir, & que ſi je ſouhaittois accepter le
don de ſon cœur & de ſes biens ſa felicité ſeroit complete, & qu'il ne tarderoit
pas à me tranquiliſer ſur mes craintes frivoles de la malignité des langues des Voiſins.

fins.   Je lui répondis que ce qu'il me propofoit étoit de confequence , & que ce n'étoit pas l'affaire d'un moment , & que s'il me vouloit donner un délai de huit jours, je lui rendrois ma reponfe. Quoique ce délai lui parut long, il ne put me le réfufer , & y confentit de la meilleure grace du monde. Sitoft qu'il fut forti , je confultai ma Mere qui me confeilla, fi le parti étoit avantageux, de ne le pas laiffer échapper.   J'en parlai à mon beau-frere qui me repondit qu'il connoiffoit le jeune homme & toute fa famille, que fi fon Pere , & fa Mere, qui vivoient encore , y confentoient , je ne pouvois mieux faire.   Les huit jours écoulés, l'amoureux Poulaud vint chés moi avec un air empreffé pour réçévoir, difoit-il , l'Arrêt de fon bonheur, ou de fon malheur. Je le reçus à l'ordinaire, c'eft-à-dire, avec beaucoup de politeffe. Comme je ne lui parlois de rien , il prit la parole après avoir longtems héfité, & me demanda ma refolution. Elle vous eft favorable, lui dis-je, & l'accompliffement ne dépend que du confentément de vos Parens, fans le quel je ne conclurai rien.   A cette réponfe qu'il ne put entendre fans tranfport, il me dit qu'il en étoit fur ; Qu'il alloit leur écrire par

le

le prémier ordinaire, & que pour plus grande seureté, il me prioit de solliciter mon beau - frere de le faire conjointement. Ces arrangémens pris, il se rétira fort satisfait, me démandant l'agrément de venir me voir deux fois par semaine. Je n'eus pas de peine à y consentir. Outre les graces de sa personne, son respect, & sa politesse m'avoient décidé en sa faveur. Au bout de six sémaines je le rencontrai en allant chés mon beau-frere qui venoit chés moi m'apporter l'agréable nouvelle du consentement de ses parens. Ma Mere, qui étoit présente, en fut charmée, & moi aussi, car je commençois déja à m'appercevoir que le veuvage dévénoit incompatible avec mon temperament. Je m'étois faite dépuis longtems une trop douce habitude de la volupté pour y renonçer, & dans un age surtout ou les passions se font sentir avec le plus de violence. L'attrait des plaisirs avoit formé en moi une seconde nature que je ne pouvois refondre. Par ce second mariage je me voiois à même de satisfaire à mon inclination, & je me flattois d'une ample satisfaction dans la compagnie d'un homme à peu prés de mon age, qui paroissoit fort rangé, dont la phisionomie,

les

les geftes, & en un mot jufqu'à fes moindres actions, tout annoncoit la douceur.
Mon beau-frere me confirma ce que je
fçavois déja, & me montra la lettre qu'il
avoit reçue à ce fujet. Le Pere & la
Mere de mon Amant lui écrivoient, qu'ils
étoient fort aifes que leur fils eut rencontré une perfonne de fon goût, & qui lui
faifoit un parti fi avantageux. Il me remit la lettre entre les mains, & j'y lus.

*Sur ce que vous nous avés fait l'honneur de
nous écrire, Monfieur, que la perfonne avec
qui nôtre fils veut contracter une alliance, eft
belle, fage & riche, & qu'a ces avantages,
qui font rares dans le fiécle ou nous fommes,
elle joint encore celui de vous appartenir par
les liens du fang, nous confentons très volontiers à la récévoir pour nôtre Bru, & confir-
mons & approuvons le choix de notre fils, vous
priant de l'honorer de vos confeils & de lui
fournir, en cas que l'argent lui manquât, géné-
ralément tout ce dont il poura avoir befoin
pour les depenfes de fes nôces, dont nous vous
tiendrons un compte fidele, &c.*

Cette lettre étoit un confentement dans
les formes. Il n'en falloit pas d'avantage; Auffi je n'hefitai nullement de lui engager ma foi, & dés ce moment, l'envi-
fageant déja comme mon mari, je me vis

dans

dans le cas de reçevoir les fréquentes vifites qu'il me rendoit exactement deux fois
par jour. Il ne manqua pas (comme on
le peut bien penfer) de me folliciter à
remplir fon ardeur. Je lui repondis que,
dans ma pofition préfente, j'efperois qu'il
me permettroit d'accorder quelque chofe
à la bienféance, & qu'il me laifferoit aché-
ver le tems prefcrit par l'ufage pour mon
deüil. Pure folie, me dit-il, quand la
douleur iuterieure eft appaifée, les déhors
lugubres parmi les gens d'efprit devien-
nent fuperflus, & comme vous merités
fans doute une place parmi eux, convenés
avec moi que cet ufage qui ne décide de
rien, n'eft qu'une poufliere dont les fots,
efclaves du prejugé, & des coutumes, s'a-
veuglent. Je goutois fes raifons. Elles
quadroient avec ma façon de penfer; Cépendant comme je n'étois qu'un point
dans la focieté, & pour ainfi dire, un
atôme ignoré, il ne me convenoit pas
d'enfreindre des loix établies plufieurs fiecles avant moi, & qui felon toute aparence ne finiront pas fitoft. Après
avoir allegué bien des raifons de part &
d'autre, il confentit à fuivre le torrent,
à condition néanmoins que l'on publieroit

Q

nos

nos premiers bancs, & que je lui accorderois des avances fur fes droits inconteftables dont je réculois la poffeffion. Cette propofition flattoit mon amour; mais pour ne pas paroitre trop facile à me rendre à fes volontés, je lui demandai deux jours de delai. Il me les accorda. Sitoft que je fus en particulier avec ma Mere je lui communiquai la propofition de mon amant, & je lui avouai fans feindre que paffant par deffus les appareils de la cérémonie jufqu'au tems prefcrit, je me fentois très difpofée à me livrer à fes volontés, & à couronner fa flamme. Elle écouta mes raifons, & pour la prémiere fois de fa vie elle ne me donna aucun confeil. L'ufage que vous avés du monde, ma chere fille, dit-elle, doit vous guider fur ce que vous avés à faire. Confultés vôtre cœur; Il ne vous trompera peut-être pas. La démarche eft delicate. Plufieurs perfonnes ont été duppes de ces fortes de propofitions. Il feroit au-refte bien trifte fi tous les hommes étoient perfides, & fi nôtre fexe, étoit deftiné à fervir de Victime à leurs impoftures. Celui dont il s'agit paroit y aller à la bonne foi. La façon dont il à debuté, parle

en

en fa faveur.   Vous ferés au-refte ce que vous jugérés à propos.   Mes confeils vous font inutiles ; n'en prenés que de vous même.   Ce qu'elle venoit de me dire me plongea dans une confufion de penfées, & je flottois entre le oui & le non, lorfque la fougue de mes paffions diffipa ma raifon, & me determina pour un confentement dont les fuites furent telles que je les pouvois défirer.   Mon amant, qui s'étoit abfenté de chés moi, revint au jour fixe pour apprendre ma derniere réfolution.   Comme je fçavois à peu-près fon heure, je l'attendis feule dans ma chambre.   Il fe préfenta devant moi avec cet air inquiet qui caractérife une crainte mélée d'efperance Madame, me dit-il, en m'abordant daignerés vous prononçer en ma faveur ?   Le délai que vous m'avés démandé eft expiré.   Mon amour a-t'il eu le deffus, & confentés vous à avancer de quelques femaines cet heureux inftant que vous ne pouvés fans injuftice me réfufer plus longtems ? Ne pouvés vous pas vous réfoudre à conclure les préliminaires d'une cérémonie ou un tiers ne fert que d'acceffoire, & dont le principal point n'eft qu'une volonté réciproque.   La foibleffe

Q 2

de

de mes argumens, & ma refutation entre-
coupée de propos frivoles lui annonce-
rent son bonheur. Dans mes yeux il lut
mon consentement, & mon silence lui
donna à connoitre qu'il pouvoit tout entreprendre. Jamais l'amour & le respect
ne firent un si charmant contraste. Ses
mains qui ne resterent pas oisives me mi-
rent en deffaut, & une attaque mal repous-
sée lui firent emporter la place. Il fit son
devoir en bon soldat. Content & fier de
sa Victoire, il s'assit auprès de moi, &
m'exagera sa satisfaction dans les termes
les plus forts. Entousiasmés l'un & l'autre, & enyvrés de plaisir, nous étions
dans une de ces attitudes éloquentes, lorsque ma Mere, qui ignoroit ce à quoi je
m'étois resolue, & qui même ne sçavoit
pas que mon amant fut avec moi, entra,
& sur le champ se retira. Son arrivée
imprevue nous décontenança, & nôtre surprise égala la sienne.

Dans toute autre circonstance je lui aurois sçu mauvais gré de ce contretems,
mais dans les termes ou j'étois avec mon
cher Poulaud, je ne fis qu'en rire, & ce
qui me rejouit le plus, ce fut son air
interdit, & embarassé qui me divertit
beau-

beaucoup. L'éloignement de ma Mere, qui s'étoit rétirée, nous laiſſa le tems ſuf-fiſant pour nous remettre du trouble de la ſurpriſe. Quand il me quitta, il me re-nouvella ſes proteſtations, & me jura que jamais rien au monde ne ſeroit capable de rallentir ſon amour, & que puiſque nous avions commencé l'eſſentiel de la Céré-monie, il ne falloit pas démeurer en ſi beau chemin, mais continuer juſqu'au tems échu pour le ſurplus, qui n'étoit qu'une forme réquiſe dans le Civil, & nulle-ment néceſſaire à la concluſion de la cho-ſe, & dont les momens n'étoient differés que par le chimerique ſcrupule d'un *Qu'en dira-t-on.* L'eſſai que je venois de faire de la ſcience de mon Amant, me rendit ſes raiſons convaincantes, & mes ſens en étoient trop flattés pour que je m'y réfu-faſſe. Nous conclumes que tous les jours, à pareille heure, il me trouveroit ſeule dans ma chambre en état de recevoir les marques de ſon amour, & que j'aurois ſoin de diſpoſer les choſes de façon, que nous y ſerions à l'abri d'incidents ſem-blables à celui qui, quoique ſans conſequen-ces, n'avoit cépendant pas laiſſé de le troubler. Sitoſt qu'il fut ſorti, je paſſai dans

Q 3

l'apl'appartement de ma Mere. Elle ne put s'empêcher de rire en me voyant rougir. Eh bien, ma chere fille, dit-elle, vous avés suivi vôtre fentiment ; Céla vous eft permis, & Maitreffe de vous même vous ne dévés compte de vos actions à qui que ce foit. Ne croyés pas que je vous faffe aucun reproche de la fituation dans laquelle je vous ai trouvée ce matin. Cette action (en cas qu'il s'en foit paffé quelqu'une) eft à l'abri de cenfure, & l'intention la rend en quelque façon légitime. Cet air de bonté avec le quel elle venoit de me parler m'engagea à lui faire un aveu que je ne lui aurois pas à la vérité caché longtems , & lui déclarai les arrangémens que j'avois pris avec Pouland pour reçevoir chaque jour fes vifites. Elle me badina fur mon empreffement, & me dit en riant, que fi par la fuite j'étois trompée je n'aurois à en attribuer la faute qu'a moi méme, & que je ne devrois en accufer que mon peu de difcernement, puifque j'aurois eû tout le tems d'en faire une épreuve fuffifante.

Ce commerce, dont le début m'avoit enchanté , dura fix femaines. Mon deüil qui

qui étoit alors expiré, nous mit à même de travailler aux préparatifs des nôces dont l'appareil se fit avec magnificence. Une jouissance de six semaines n'avoit nullement rallenti les feux de mon cher Pouland, & je l'éprouvai aussi passionné Mari, qu'il avoit été tendre Amant. J'étois riche. Il jouissoit d'un bien considerable, sans compter ce qu'il attendoit encore après la mort de son Pere, & de sa Mere. Qu'avois-je à désirer ? Son respect pour ma Mere égaloit son amour pour moi.

Si j'avois été heureuse avec mon premier mari, je ne l'étois pas moins avec le second. Nous aurions fort souhaité l'un & l'autre nous fixer en Italie. Le climat, la situation du Pais nous plaisoient infiniment, mais des raisons qu'il me communiqua nous en empecherent, & le firent se résoudre à retourner dans sa Patrie. Depuis que nous étions ensemble, uniquement occupés à nous procurer réciproquement les douceurs que goûtent naturellement deux cœurs unis, nous n'avions aucunement cherché à débroüiller nos sentimens sur des opinions dont la diversité a fait germer tant de schismes. Fideles ob-

 serva-

servateurs des déhors requis pour éviter les pourſuites d'un Tribunal impénétrable, nous nous conformions aux uſages, & aux rites dominants, ſans les adopter. Un jour que nous avions aſſiſté a un Office ſolemnel, il me demanda ce que je penſois de ce qui s'y étoit pratiqué. Au-travers de mes réponſes Cathégoriques il crut entre-voir que ma façon de penſer quadroit avec la ſienne, & pour me ſonder plus pertinemment, il me dit que tous ces déhors apparens n'étoient pas ce que l'Etre ſuprême exigeoit de nous; Qu'un cœur vraiment penetré de ſes divins attributs, ſe contentoit de l'adorer & de le ſervir en eſprit & en verité, ſans affectation. Que tout le reſte n'étoit que pur abus. Voila, pourſuivit-il, ma façon de penſer; Fera autrement qui voudra; Pour moi je ne m'en déſiſterai pas, & c'eſt dans cette vue que je ſuis déterminé, ſi vous ne m'êtes pas contraire à paſſer dans une autre contrée plus libre. A vous l'avouer franchement je me ſçai mauvais gré d'avoir feint ſi longtems, & ne me ſentant plus réſolu à me déguiſer d'avantage, j'ai envie de me retirer à Généve, & je ne doute nullement que, quand mon Pere &

ma

ma Mere nous y sçauront, ils nous y viendront joindre. Cette ouverture fut suivie d'un pareil aveu que je lui fis, & que ma Mere confirma. Il fut donc conclu que nous nous disposerions à partir incessament. Pour cet effet mon mari travailla à convertir mes biens-fonds en Especes, & fit passer des rémises considérables à Lyon, avec ordre à un des correspondans de son Pere à Généve de nous y achetter une belle maison & de la meubler à l'avénant de la figure que nous avions envie d'y faire. Mon beau frere approuva nôtre projet, & nous facilita les moyens de le mettre en exécution. Toutes nos affaires étoient terminées. Nous reçumes les reponses que nous attendions, & quittames, avec une extrême satisfaction, le sejour de l'Italie, ou je me serois beaucoup plu, si ce n'eut été la validité des raisons qui nous engageoient à la quitter.

Ceux entre les mains de qui tomberont ces Mémoires m'objecteront peut-être, que je n'ai pas soutenu, dans la seconde partie de ce Volume, mes raisonemens, & que j'ai tout à coup abandonné mes reflexions pour y venir à un detail rapide de plusieurs avantures, & rencontres assés extraordinaires. A cette objection,

je

je répondrai que je l'ai fait à deffein ;
Une morale fuivie n'eft pas du goût de
tout le monde. Les uns peuvent l'aimer, & les autres point. Bien des curieux fe laffent d'une hiftoire dont chaque événément & chaque circonftance
eft entre-coupée d'un long raifonnément
qui leur devient infipide. De la qu'arrive-
t'il? Ils paffent par deffus, & courent
au denouëment des faits qui feul à le don
de les intereffer en excitant leur curiofité.
Mes differtations au-refte ne font pas fi
importantes, que je n'aie cru devoir les
fupprimer ; & comme je m'imagine que
toute perfonne qui penfe, n'aura pas attendu à voir mes fentimens pour les adopter, & comme je n'ai continué mon ouvrage, que pour ma propre fatisfaction
& nullement pour le tranfmettre au Public, il auroit été inutile de m'amufer a
augmenter mon travail par un détail qui
n'aboutiroit à rien. Il me fuffit de l'avoir
gravé dans mon cœur, fans en faire un
étalage hors de faifon.

Qu'un chacun décide comme il voudra
des differens événémens de ma vie ; qu'il
les appelle déréglement, ou non, peu
m'importe. Fort au deffus de la Critique & de la Cenfure, je ne fuis pas dans
la

le cas de craindre les réproches que l'on peut faire à jufte titre à la Thereze Philofophe, dont j'ai entrepris de critiquer le ftile & la Morale, & qui pare du titre fpecieux de Philofophie le réçit des plus affreux débordémens.

Que l'on adopte, ou que l'on réfute mon fiftême, peu m'importe; il ne peut faire ni bien ni mal, & je ne pretens pas qu'il ferve de regle à qui que ce foit; & comme je ne fuis qu'un point dans la focieté, je me crois fort incapable d'en déranger l'harmonie.

Je fuis encore jeune, & fur le point d'entreprendre de nouveaux voyages pour fuivre le fort d'un Epoux qui m'eft cher, & à qui j'ai attaché ma deftinée. Si la fuite de ma vie eft entre-mêlée de quelques événemens finguliers, je ne manquerai pas, à mes momens de loifir, de continuer à les confier à la difcretion du papier. Peut être auffi, malgré mes foins, tomberont-ils entre les mains de quelqu'indifcret qui les mettra au jour. Si cela arrive, je puis protefter que ce fera contre mon confentement.

F I N

AVERTISSEMENT.

LE Libraire de ce Livre a aussi sous presse, un Livre intitulé, sçavoir, la Clef des Perfections, qui ouvre aux Croyans le Mystère de nôtre double Régénération, pour devenir parfaits ; avec les courts & sûrs moyens d'y réussir ; & des Explications abregées sur les sujets les plus importans de la Vie spirituelle & intérieure, Ouvrage très utile à tous ceux qui aspirent à la perfection Chrétienne, mis en Vers. 8°.

On trouve aussi chez lui tout ce qui paroît de nouveau, à un prix raisonnable.